개정 누리과정과 표준보육과정을 연계한

新 영유아 미술교육

김희준·임진경 공저

동 문 사

강 의 계 획 서

<table>
<tr><th colspan="6">교과목정보</th></tr>
<tr><td>년도</td><td colspan="2"></td><td>학기</td><td colspan="2"></td></tr>
<tr><td>학점</td><td colspan="2"></td><td>담당교수</td><td colspan="2"></td></tr>
<tr><td>교육장소</td><td colspan="2"></td><td>요일/교시</td><td colspan="2"></td></tr>
<tr><td>교과목표</td><td colspan="5">본 교과목에서는 표준보육과정과 개정누리과정에 맞춘 미술교육의 이론을 알아보고, 영유아의 미술관련 발달특성을 숙지한다. 또한 현장교육과 연계된 다양한 활동을 통하여 교수방법을 향상시키고, 전문성을 기른다.</td></tr>
<tr><td>강의목표</td><td colspan="5">- 영유아 미술교육의 정의를 알아보고 이론적인 기초 이해한다.
- 표준보육과정과 개정누리과정의 영역별 목표와 발달적 특성을 이해한다.
- 다양한 재료를 이용하여 영유아의 미술활동을 지원할 수 있다.
- 상황에 따른 미술활동을 적절하게 제시한다.
- 영유아 미술지도방법에 관한 교수방법을 향상시킨다.</td></tr>
<tr><td rowspan="2">교재</td><td>구분</td><td>교재명</td><td>저자</td><td>출판사</td><td>출판년도</td></tr>
<tr><td>주교재</td><td>신영유아미술교육</td><td>김희준·임진경
공저</td><td>동문사</td><td>2021</td></tr>
<tr><td>교재</td><td colspan="5">PPT자료, 별도 준비</td></tr>
<tr><td>교육장비/
자료</td><td colspan="5">컴퓨터, 빔프로젝터, 다양한 미술재료 등</td></tr>
<tr><td>평가내용</td><td colspan="5">중간고사: 개별 모의수업으로 대체
레포트: 보고서(개별 모의수업 계획안-특정 상황을 가정)
기말고사: 팀별 미술활동 프로젝트 발표
기타: 포트폴리오 기록 제출</td></tr>
<tr><td rowspan="6">성적평가</td><td>구분</td><td>평가명</td><td>평가도구</td><td>배점</td><td>비율</td></tr>
<tr><td>출석
(3회 지각=
1회 결석,
1점 감점)</td><td></td><td></td><td>20</td><td>20</td></tr>
<tr><td>중간고사</td><td>모의수업 발표</td><td></td><td>20</td><td>20</td></tr>
<tr><td>개인과제</td><td>미술교육
모의수업안</td><td></td><td>15</td><td>15</td></tr>
<tr><td>그룹과제</td><td>- 미술이론발제
- 협동작업</td><td></td><td>15</td><td>15</td></tr>
<tr><td>기말고사</td><td>포트폴리오제출</td><td></td><td>20</td><td>20</td></tr>
</table>

주차별 학습내용			
주차	수업내용		비고
	이론	실기	
1	0. 강의소개 및 과제안내 - 강의구성안내 - 미술이론발제를 위한 조편성 - 주차별 발표조 선정	개별 과제 안내 특정상황을 가정한 모의수업발표 발표순서 선정	개강일
2	1. 미술활동이 영유아발달에 미치는 영향	물감 활용 / 날씨	
3	2. 영유아 미술의 교육적 효과	클레이점토 활용 / 가족	
4	3. 영유아 그림의 특징	플레이콘 활용 / 세계여러나라	수업일수(1/4)
5	4. 표준보육과정에 기초한 미술교육활동	습자지 활용 / 나무	
6	5. 개정 누리과정에 기초한 미술교육활동	칼라종이컵 / 도구	
7	6. 미술교육시 교사가 가져야할 태도	실그림, 종이접기 활용 / 식물	
8	중간고사(모의수업계획안 및 평가표)		중간고사
9	협동 과제 논의 - 조별 주제 선정(유아가 된 것을 가정하여 흥미있는 주제 선정)		활동 과정 사진 촬영 후 포트폴리오에 포함
10	협동 미술 작품을 위한 기초 자료 탐색 - 미디어 활용, 도서, 등		
11	협동 미술 작품 제작1		
12	협동 미술 작품 제작2		
13	작품 결과 발표 및 피드백		
14	수정보완한 작품 전시		
15	기말고사(포트폴리오제출)		기말고사

강의규정	1. 과제 - 제출기일 엄수(지연시 감점처리) 글자체 맑은고딕, 글자크기11, 줄간격180 겉표지는 따로 만들지 않음. 2. 모의 수업 시연은 실제와 같은 수준으로 철저하게 준비한다. (모의수업계획안/ 발표자는 모두에게 나누어줄 수 있도록 자료 준비) 3. 조별 활동은 자발적인 참여와 협력을 중요시 한다.(조별자료도 수업인원 수 만큼 준비) (감점 점수 있음) 4. 실기 수업 후 강의실 및 자료실 정리정돈, 청결을 유지한다.

장애학생 지원내용	특별한 지원이 필요한 학생의 경우 교수에게 개인적으로 연락하여 조율한다.

머리말

영유아 미술교육의 목표와 교수–학습방법은 모방에서 기능 중심으로, 기능 중심에서 내면의 정서 표현 중심으로 발전해왔고, 최근의 영유아 미술교육은 미술의 본질을 이해하고 응용할 수 있는 통합적이고 총체적인 미술교육을 지향하고 있다. 영유아의 미술활동은 단순한 표현활동에 그치지 않고 영유아를 둘러싼 환경과의 만남을 통해 내면의 정화와 심미적 가치관을 형성하고, 영유아에게 문제해결력과 의사결정력을 발달시킬 수 있는 기회를 제공한다. 영유아의 미술활동은 영유아의 그리기 능력뿐만 아니라, 창의력, 언어능력, 공간능력, 지적능력 등 전인 발달의 매개수단이 된다. 영유아 미술을 주제로 한 많은 연구들은 영유아 미술활동이 영유아의 발달과 학습에 매개가 되며 교육적으로도 가치가 있다는 것을 발견하고 확인하였다. 따라서 영유아 미술활동의 이러한 교육적 가치를 실현할 수 있는 교육과정, 즉 영유아에게 적합한 문화적 소양을 배양하고 동시에 전인 발달을 촉진할 수 있는 미술교육 프로그램을 개발하여 현장에 적용할 수 있도록 구성하는 노력이 필요하다.

본서는 영유아 미술활동의 교육적 가치 실현을 추구하면서도 교사들이 교육현장에서 영유아들과 함께 쉽게 미술작품활동을 진행할 수 있는 프로그램의 제시에 주안점을 두었다. 또한 예비영유아교사들에게 영유아 미술활동에 대한 이해와 함께 표준보육과정 및 개정 누리과정의 미술활동과의 관련하여 기초적 지식을 제공하고, 영유아교육 현장에서 구현 가능한 구체적 작품활동 프로그램을 다양하게 제공하고자 하였다. 이를 통하여 미술 기능과 표현 중심으로 영유아 미술교육을 수행하여 왔던 기존의 틀에서 벗어나 영유아에게 적합한 문화적 소양을 배양하고 동시에 전인 발달을 촉진할 수 있는 미술교육 프로그램을 제공하고자 하는 것이 본서의 특색이다.

본서의 내용은 Part 01 영유아 미술에 관한 기초 이론, Part 02 표준보육과정과 개정 누리과정의 미술교육, Part 03 실제 미술활동으로 구성하였다.

Part 01 영유아 미술에 관한 기초 이론에서는 미술활동의 정의, 미술활동이 영유아 발달에 미치는 영향, 미술의 교육적 효과, 영유아그림의 효과 등을 살펴보았다.

Part 02 중 미술교육의 목표에서는 영유아 미술교육의 교육목표와 방법론을 알아보았고, 표준보육과정 미술교육에서는 표준보육과정의 성격, 구성방향, 과정의 운영, 연령별 목표, 영역별 미술활동 사례를 다루었다. 개정 누리과정의 미술교육에서는 놀이 중심 교육과정에서 추구하는 인간상과 교육목표, 영역별 목표와 내용 및 미술활동을 살펴보았다.

그리고 Part 03의 실제 미술활동에서는 영유아교육 현장에서 구현 가능한 구체적 작품활동을 소개하되 영유아의 능력만으로 완성도 높은 작품을 만들 수 있는 활동 프로그램과 교사의 후작업을 최소화 할 수 있는 현장 중심적 작품활동 프로그램을 제시하였다.

최근 예술의 인문적·심미적 차원에 주목하여 교육·문화를 통해 학생들의 지적능력, 자신감, 자아존중감뿐만 아니라 의사소통능력과 사회적 교류능력을 개발하고 문화에 대한 소양과 다양한 문화를 포용할 수 있는 능력을 배양하고자 하는 교육정책적 시도가 진행되고 있다. 본서의 저자들은 이러한 시대적 조류에 발맞추어 영유아교육에서 예술활동에 교육과정을 접목하여 영유아의 전인 발달을 도모하고자 하는 새로운 교육적 접근을 시도하고자 이 책을 집필하였다. 보다 많은 예비교사들이 본서를 통해 영유아 미술교육에 대한 흥미와 이해를 드높이기를 희망해본다.

본서는 오랜 시간 교육현장에서 영유아들과 많은 활동을 하면서 준비한 산물이다. 필자들이 수년간 교육현장에서 영유아들의 요구와 능력의 한계를 분석하고 관찰하면서 얻은 결과물을 체계적으로 정리한 것이다.

본서를 완성하기까지 많은 도움을 주신 분들 모두에게 감사를 드린다. 특히 필자들을 학문의 길로 이끌어주시고 지켜주고 계시는 하느님과 허혜경 교수님, 부모님 그리고 필자들의 작업으로 인해 많은 불편이 있음에도 오히려 언제나 최고의 격려와 도움을 아끼지 않는 사랑하는 가족들과 김영목 이사장님께 진심으로 감사를 드린다. 실제로 미술활동에 참여하여 모델이 되어준 김민채, 도윤형 덕분에 본서의 실제편을 생동감 있게 완성할 수 있었다. 두 유아에게 진심으로 고마운 마음을 전하고 싶다. 본서의 출판을 기꺼이 맡아주신 도서출판 동문사와 특히 출판부 관계자들께 심심한 사의를 표한다.

2021. 2

복정동 연구실에서

공저자 김희준, 임진경

차 례

Part 01

영유아 미술에 관한 기초 이론

Ⅰ. 영유아와 미술

인간에게 미술은 원초적인 행동 중 하나다. 인간은 자신의 내면을 표출하기 위해 다양한 방법을 사용하는데, 말을 하고 노래를 부르며 춤을 추는 일련의 활동과 함께 그림을 통해 자기 안의 무형적 개념을 형상화 및 조형화한다. 그러므로 미술활동은 사람의 생각과 사상, 심리 상태, 느낌 등 개인 고유의 특성이 이입되며, 그 작품을 보는 사람들은 작가의 화객의 내면세계를 분석하고 짐작할 수 있다. 코헨(Cohen)과 게이즈(Gaze)의 말처럼 예술은 색, 형태, 선, 소리, 동작 그리고 다른 감각들을 엮어내어 자기 자신과 세계에 대한 생각과 감정을 표현한다.

특별히 영유아의 미술은 그 행위를 행하는 동안 영유아 자신이 큰 즐거움을 느낀다는 데에 큰 의미가 있다. 영유아는 자신이 바라보는 세상을 표현하고 자신의 생각을 표현한다. 성인과 다르게 어떠한 목적을 가진 미술활동이 아니므로 보다 영유아가 실질적인 결과물을 단기간 내에 빠르게 확인할 수 있다는 장점이 있다. 그러므로 영유아는 미술활동 동안 창작과 심미적인 관점에서 즐거움을 느끼고, 결과물이 완성된 후에도 성취감과 보람이라는 긍정적인 감정을 경험한다. 고로 영유아에게 미술은 그림 그리거나 사물을 만드는 것 이상의 의미를 가진다. 제인 크푸블랜드(Jane Cooper Bland)는 이것이 영유아 자신의 개인성을 표현하고 자신과 세계에 대한 생각을 말하는 방법이라고 한다. 따라서 영유아의 미술활동이 영유아의 발달에 어떠한 영향을 미치는지 살펴볼 필요가 있다.

II. 미술활동이 영유아 발달에 미치는 영향

1. 신체 발달

영유아가 자신의 신체를 사용하는 능력을 말하는데 미술활동을 통해 영유아는 첫째, 다양한 미술 도구를 사용하면서 대소근육을 발달시킨다. 둘째, 눈과 손의 협응력을 증진시킨다. 영유아는 자신이 그리고자 하는 위치에 그리기 도구를 갖다 놓는 일련의 행위를 통해 눈과 손이 협응을 한다. 셋째, 영유아의 근육 통제력이 발달한다. 근육 통제는 근육의 성장과 손의 협응으로 인해 발달하게 되는데, 이는 초기 그리기 단계인 끼적이기를 시작으로 자신이 원하는 방향에 원하는 만큼을 그리는 모든 행동을 근육을 활용하여 통제할 수 있다.

2. 인지 발달

영유아는 미술활동을 통해 다양한 감각을 경험하는데, 촉감을 통해 딱딱하고 부드러움의 개념을 알아가며 만들어지는 형태를 통해 눈과 손의 감각들을 다양하게 경험하게 된다. 또한 미술활동은 영유아의 지적 발달을 촉진시킨다. 첫째, 영유아의 감정과 아이디어를 수용함을 통해 영유아는 자신의 생각이 존중받음을 느끼며 영유아의 자아가 발달한다. 둘째, 영유아들이 타인의 아이디어를 수용하도록 돕는다. 영유아 자신이 자신의 생각과 아이디어가 수용되는 경험을 기반으로 타인의 생각을 수용하는 것에 대해 인지한다. 셋째, 영유아의 창의적·지적 태도에 도움을 준다. 무에서 유가 창조되는 만큼 아이들의 창의력이 증진하며 자신의 작품과 더불어 타인의 작품을 바라보는 올바른 태도를 배우게 된다. 다섯째, 미술활동은 사고하는 기술을 증진시킨다. 다양한 재료를 가지고 표현하는 과정에서, 여러 사물의 특징을 비교하고, 친숙한 것과 새로운 것 간의 관계를 발견한다. 또한 만들어진 작품들이 시각적 이미지를 제시하고 영유아는 정보와 느낌을 전달하기 위해 사고를 하게 된다.

3. 사회성 발달

영유아는 사회성이 발달하기 시작하면서 협동과 협조를 알아간다. 이러한 영유아에게 또래와 함께하는 작업은 결코 간단한 일이 아니다. 친구와 함께 작업을 하기 위해 의사소통을 하고 자신의 생각을 이야기하면서 타인의 말을 수용하는 것은 단순히 인간관계를 형성하기 위한 의사소통의 기술보다 한 단계 앞선 것으로 볼 수 있다. 협력과 나누는 경험은 친구들의 작품을 보고 가치롭게 여기고, 타인의 요구와 능력을 존중하는 것을 학습한다.

4. 정서 발달

미술활동을 통해 현재 발달 수준에서 교사가 적극적인 방식으로 수용하면, 영유아는 미술에 자신감을 가진다. 또한 영유아는 미술활동을 통해 감정을 정화시키고 자신의 내면세계를 반영한다. 창의하는 과정을 통해 영유아는 성취감을 느끼고 자신이 창조한 것에 대한 자신감을 갖게 된다. 또한 혼란스러운 감정을 해결할 수 있는 합리적인 방법과 전략을 습득하게 된다.

5. 지각 발달

미술 재료를 가지고 탐색하고 창의하는 과정을 통해 영유아는 민감성을 증진시킨다. 영유아의 지각은 색, 선, 형태 및 질감 등 디자인적 요소를 식별하는 능력이 발달되기 시작한다. 영유아의 채색 및 감상 활동은 색의 차이를 지각할 기회를 준다. 선, 모양, 패턴, 질감 등 미술 재료를 통해 영유아는 사람과 동물의 물리적 표면에 대한 지식을 강화한다.

Ⅲ. 미술의 교육적 효과

1. 예술적 요소

1) 색: 영유아는 색에 매혹되고 그것을 주변의 여러 가지 사물과 연결시킨다. 색의 명암과 색의 혼합에 의한 극적 변화에 영유아들은 열중한다.
2) 패턴: 끼적이기 후반부터 도식단계에 이르는 미술활동에서 패턴에 대한 영유아의 인식은 같은 방식으로 진행하거나 반복함으로써 패턴을 정확하게 묘사한다. 또 자신의 패턴을 창의할 수 있다. 다양한 비시각적인 감각들을 시각화하는 작업을 통해 다양한 패턴을 만들어 낼 수 있다. 미술에서 패턴의 인식은 창의적 극놀이와 운동의 패턴으로까지 확장된다.
3) 선: 선은 직접적이고 일차적이다. 그러면서 동시에 다양한데, 선으로 방향성 있는 표현을 할 수 있고 속도감을 표현할 수도 있다. 표현하는 사람의 생각과 도구, 재료에 따라 다양한 상징성을 나타낼 수 있다.
4) 공간: 영유아가 자신의 이미지를 표상할 때, 일상생활에서 다른 사람 및 사물에 관한 느낌을 공간표현으로 나타낸다.
5) 대비: 가까이 있는 두 개의 색이 어떻게 형태를 뚜렷하게 나타나게 하는지 지적함으로써 대비의 힘을 더 잘 인식하도록 돕는다.

2. 창의적 사고

창의성이란 이미 알고 있는 지식들과 과거의 경험을 재구성하여, 한 개인에게 전혀 새로운 무엇인가 아이디어 또는 사물을 만들어내는 능력이다. 창의성을 고양하기 위해 미술적 경험은 그 방법에 제한을 두지 않고 다양한 해결법을 도출할 수 있도록 확산적인 사고를 하게 한다.

3. 의사소통과 자기표현력

영유아의 언어능력보다 미술활동을 통해 자신의 생각을 그림이나 색깔로 표현할 수 있다. 그림은 의사를 좀 더 구체적으로 나타내도록 하는 방법이다. 또한 자기표현을 통해 일상생활에 갇혀 쌓인 에너지를 표출하며 긴장감이나 의기소침으로부터 벗어나는 방법이 된다.

4. 문제해결력과 의사결정능력

계획하고 만들고 수정하고 완성하는 일련의 과정에서 영유아는 수많은 결정을 하게 된다. 생각한 대로 표현되지 않았을 때 원인을 파악하고 문제를 해결하기 위한 방법을 모색하는 등의 과정을 통해 여러 가지 문제점에 부딪치면서 해결하는 법을 익히고 성장하게 된다.

Ⅳ. 영유아 그림의 특징

1. 본능적이고 관념적 표현

영유아의 그림은 객관적인 사실보다 주관적 인식에 충실하다는 점에서 그 특징을 찾을 수 있다. 언어적 능력이 아직 완성되지 못한 영유아가 자기를 표현하는 방법 중 하나로써 하는 비의도적인 행위이기 때문에 뚜렷한 목적이나 목표가 없다. 영유아는 무의식에 잠재되어 있는 자신의 생각과 내적 세계 등을 자유롭게 표현하기 때문이다. 미술적 기교와 기예는 부족할지 모르지만 고정관념과 편견의 얽매임이 성인보다 상대적으로 자유로워 훨씬 독창적이고 참신한 표현이 가능하다.

2. 물활론적 사고의 표현

영유아들은 모든 만물이 사람과 같은 생명을 갖고 있는 것으로 생각하고 있는 현상, 애니미즘(animism)이 나타난다. 옛날이야기, 우화, 마술이나 요술, 위인이야기 등으로 공상적이고 동·식물이나 무생물을 의인화하는 소재가 많다. 이러한 사고형태는 놀이나 생활을 그림으로 그릴 때 상상이 가미되어 나타나고, 이러한 상상은 영유아의 심신 발달이나 성격형성, 욕구충족이나 불만의 해소, 나아가서는 사회성의 발달에서 매우 중요한 역할을 한다. 상상은 수동적인 것과 능동적인 것으로 나누는데, 영유아기 초기에는 수동적이 많고 나아가서는 능동적 상상 활동으로 옮아간다.

3. 투시적 사고의 표현

아른하임(Rudolf Arnheim)은 영유아는 보는 대로 그리는 게 아니라, 아는 것을 그린다고 하였다. 잠자고 있는 동생을 그릴 때, 집을 그리고, 그 안에 사람이 누워서 이불을 덮었는데 몸이 투명하게 보이게 그린다. 이런 현상을 '지각'하는 대로 그린다고 한다. 이에 관해 구디너프(Goodenough)는 투명한 그림을 그리는 이유는, 영유아가 보는 바를 그리지 않고, 이미 알고 있는 바를 그리기 때문이라고 하였다. 피아제(Piaget) 역시 영유아들의 그림은 그들이 보는 바를 그대로 그린다고 보지 않고 있다. 지각 발달에 의해 개념이 형성되며, 그것들이 그림을 그리는 요소라 한다.

4. 주관적 사고의 표현

영유아는 그려낸 그림이 실물과 닮았나 안 닮았나는 개의치 않는다. 영유아는 감정을 위주로 그림을 그리고, 그 그림 속에는 영유아들의 풍부한 감정이 자연스럽게 펼쳐져 있다. 자기 위주의 표현이 되는 주요 특징으로는 첫째, 영유아는 본인의 기억에 크게 좌우되는 경향이 있고, 둘째, 원근, 비례, 균형, 평면과 공간관계가 무시되고, 셋째, 심리적 흥미도가 크게 작용하며 강한 인상을 받은 사건을 확대하는 경향이 있고, 넷째, 움직이는 것, 빛나는 것, 감명 받은 것 등은 빠지지 않는 대신 정지상태는 빠지기 쉬우며, 다섯째, 본인을 중심으로 한 정면그림의 사진이 많다. 영유아는 국가, 사회, 문화의 영향을 덜 받으므로 개인 본연의 자아가 드러난다. 그래서 영유아는 미술 안에 표현된 자아가 비록 완성되지 못하거나 미숙한 자아라 할지라도 순수한 내적 세계를 그대로 재현해 내고 있다는 점에 괄목할만한 의미를 가지고 있다.

5. 과장적 사고의 표현

유아의 과장표현에서도 5~6세 유아에게 많이 발견된다. 유아 그림에서 과장은 반드시 필요한 것이며, 자기의 생각을 표현하는 하나의 방법이기에 그것을 곧 언어라고 볼 수 있다. 유아의 미술은 자기중심적인 표현에 집중한다. 유아는 자기가 관심이 있거나 애정하는 물건 혹은 사람을 크게 생각하는 경향이 있는데, 가령 유아에게 꽃이 꽂힌 꽃병을 표현하라고 주문했을 때 대상 유아가 꽃병의 손잡이에 집중했다면 꽃과 꽃병의 다른 부분은 대강 그리거나 아예 삭제시켜버리고 손잡이만을 강조하여 그리는 것이다. 이러한 특징은 비단 그림 그리기뿐 아니라 만들기와 같은 조형물 제작에서도 나타난다. 물론, 이러한 과장성은 유아의 인지가 성숙함에 따라 차츰 사라지는 특징이지만 유아에게 대체로 나타나는 성향으로 성인미술과는 확연히 구분되는 특징점이라고 말할 수 있다.

6. 방위(方位)의 동존화(同存化)

유아는 그리고자 하는 대상을 표현할 때 외형보다는 자기 경험에 의한 것이므로, 비례, 시공간, 위치 등이 하나의 평면상으로 처리된다. 이와 같이 한 화면상의 그림에서 정면과 측면 등이 동시에 표현되는 특징을 동위성이라고 하며, 각기 보았던 기억의 위치가 평면상에 동시에 표현되는 현상을 방위의 동존화 현상이라고 한다. 보는 위치마다 모두 하나의 화면에서 재현된다. 이 현상은 5~7세에 왕성하다가 점차 쇠퇴해가고 차츰 사실성에 접근하는 그림을 그리게 된다.

7. 신체 발달에 따른 변화

초기 유아의 미술표현이 낙서와 같은 끼적임, 단순한 선의 반복으로 이루어지는 이유는 자신이 느끼고 감각한 것을 촉각적이고 시각적으로 표현하고자 하는 인지적 특성뿐 아니라 근육 조작의 미숙으로 인한 정교한 표현이 어렵다는 것에 있다. 시간이 흐름에 따라 근육의 발달과 근육 조작능력, 눈과 손의 협응력이 성숙하여 표현이 보다 섬세해진다. 미술의 표현 능력은 아동의 신체적 기능 발달에 의해 결정되지만 반대로 신체 발달을 촉진시키기도 한다. 즉, 아동미술이 신체 발달과 긴밀하고 상호적인 관계를 가지고 있음을 파악할 수 있다.

Part 02

표준보육과정과 개정 누리과정의 미술교육

Ⅰ. 미술교육의 목표

1. 영유아 미술교육의 목표

영유아 미술교육은 영유아의 표현 욕구에 기반을 두고 정성과 심미성 교육에 기반을 두고 표현, 제작, 감상 활동을 통하여, 창조성과 개성의 확립 및 사랑의 감성을 육성함으로써 바람직한 인간성을 육성하는 활동이다.

2. 영유아 미술교육 영역별 목표

교육과정 계열 간 관련과 영유아 발달에 맞게 구체화해 보면 다음과 같다.

1) 조형놀이: 활발한 표현과 조형성을 탐구하는 태도를 가진다.
2) 회화: 보고 느끼고 생각한 경험을 다양하게 표현한다. 대상의 특징을 예민하게 관찰하고 표현한다.
3) 조소: 보고 느끼고 생각한 경험을 자유롭고 창의적인 상상력을 가지며 이를 조소적 특성을 가진 형체로 표현한다.
4) 꾸미기: 단순평면디자인 감각을 가진다. 간단한 물건을 예쁘게 꾸민다. 공간감과 장식미를 살려 환경물과 장식물을 꾸민다.
5) 만들기: 구조가 단순한 물건이나 모양의 물건을 여러 가지 재료를 이용하여 자기 생각대로 만든다.
6) 감상: 자기와 친구들의 표현특징을 발견할 수 있고, 자연미와 여러 가지 조형미의 특징을 발견할 수 있는 감상력을 가진다.

3. 영유아 미술교육의 방법

1) 동기유발

미술교육에서 동기유발은 생각과 감정, 그리고 생각을 시각적으로 소통하고자 하는 욕구를 자극하는 것이다. 기본적으로 영유아는 자신이 유일하며 특별하다는 사실을 인지하며, 미술은 자기만의 경험, 지각, 감정을 표현하는 방법이라는 것과 정답이 있는 것이 아니라는 것을 알려주어 표현의 자유를 알려준다. 영유아는 가까운 주위에서 재료를 접하게 될 때 더욱 동기부여가 된다. 다음과 같은 여러 자료를 통해 동기유발을 할 수 있다.

① 재료: 영유아들은 새로운 미술 재료로 작업하고 실험해 봄으로써 가능성과 아이디어를 발견한다.

② 시각적 자료: 시각자료란 말 그대로 사진이나 영상 등과 같이 눈으로 보며 이해할 수 있는 자료들을 말하며, 자연이나 건물, 인물 등 여러 가지 주제를 다룬 다양한 자료를 살펴볼 수 있다.

③ 음악: 음원 또는 악기 등은 시각과 감정을 자극하여 준다. 집중하기 활동에 바로 이어 음악을 틀어주는 것은 특히 효과가 있다.

④ 현장학습: 영유아가 직접 경험한 현장경험은 영유아에게 새로운 것을 경험하며 표현할 수 있는 동기부여가 된다.

2) 일반적인 교수방법

① 개별화 교육을 위한 교수활동이어야 한다. 개별활동을 통해 영유아는 교사가 자기에게 관심을 가지고 있다는 확신을 주며, 영유아의 내면적 욕구를 이끌어 줄 수 있다.

② 지속적 관찰을 하여야 한다. 교사가 끊임없이 영유아의 발달 정도, 정서 상태 등을 관찰하고 영유아의 문제 상태를 인지하여 해소시켜 줌으로써 영유아는 스스로 학습 욕구를 증대시킬 수 있다.

③ 작품의 전시와 감상 기회를 준다. 스스로 만든 작품을 공간을 마련하여 전시한다면, 영유아는 자기 작품에 대한 긍정적 반응으로 대단한 성취 욕구와 만족감을 갖게 되며, 비교 감상능력을 발달시킨다. 또한 작품의 감상을 통하여 새로운 표현에 대한 동기를 준다.

④ 독창성을 길러주도록 한다. 특히 교사는 비교를 하면 안 되며, 독창적 표현의 기회를 주어야 한다. 표현할 활동이나 전시할 작품을 영유아 스스로 선택하게 하여 독창성을 발달시킬 수 있다.

⑤ 개방적이어야 한다. 풍부하고도 다양한 자료와 활동영역을 제공하는 일이 제한되지 않고 개방적이어야 영유아의 활동선택 폭이 넓어져 영유아의 표현 의욕을 충분히 반영할 수 있다.

3) 통합적 접근

영유아 발달이 총체적으로 이루어지므로 각 교과 영역들은 통합적으로 학습되어져야 한다. 미술 영역 역시 다른 활동 영역들과 통합되어야 하고, 미술 영역 내에서 (탐색, 표현, 감상) 통합되어야 할 것이다. 통합적 미술 교육 과정은 다음과 같은 과정을 통해 이루어진다.

① 주제 선정하기

② 개념 및 소주제 조직하기

③ 관련 미술활동 계획하기

④ 주제계획안의 재구성

II. 표준보육과정의 미술교육

표준보육과정은 어린이집에서 운영하는 보육과정을 국가 수준의 보육목표와 영유아 발달과 개인차를 고려하여 이들이 경험하게 될 보편적인 보육내용을 제시한다. 표준보육과정 해설서에 따르면 보육과정의 목적은 영유아의 전인적인 성장과 발달을 돕고 민주시민으로서의 자질을 길러 영유아가 심신이 건강하고 조화로운 사회구성원으로 자랄 수 있도록 하는 데에 있다. 제4차 어린이집 표준보육과정은 2019년 개정 누리과정을 시작으로, 3~5세 보육과정(누리과정)의 총론과 각론 개정 이후 0~5세 총론을 개정 및 수정하여 다음과 같은 특성을 지닌다.

1) 총론은 3~5세 보육과정(누리과정) 개정 방향과 취지를 수용하되 보육의 정체성 유지, 영아보육의 특성을 반영한다.
2) 0~2세 영역별 내용은 제3차 어린이집 표준보육과정을 토대로 영아보육의 특성을 반영하였다.
3) 기존의 연령 체계를 유지하여 0~1세 보육과정, 2세 보육과정, 3~5세 보육과정(누리과정)으로 제시하였다.
4) 구성 체계를 조정하여 영역, 내용 범주, 내용 체계를 유지하고, 0~1세의 4수준, 2세의 2수준으로 구분하였던 세부내용을 내용과 통합하였다.
5) 0~2세 보육과정은 기존의 6개 영역을 유지하고 내용을 간략화하였다.
6) 전체적으로 영유아 중심, 놀이 중심을 추구하였다.
7) 영유아 기본 권리의 개별 보장을 중시하여 영유아는 개별적인 특성

을 지닌 고유한 존재로 존중받아야 함을 강조하였다.

1. 표준보육과정의 성격

1) 국가 수준의 공통성과 지역, 기관 및 개인 수준의 다양성을 동시에 추구한다.

   표준보육과정은 국가 수준에서 보육과정에 대한 공통적 기준을 제시하는 한편, 지역, 기관 및 개인 수준의 특성을 반영하여 보육과정을 다양하게 운영하는 것을 추구한다.

2) 영유아의 전인적 발달과 행복을 추구한다.

   표준보육과정은 영유아가 전인적 발달과 행복을 추구할 권리를 존중한다.

3) 영유아 중심과 놀이 중심을 추구한다.

   영유아 중심을 추구한다는 것은 영유아의 건강과 행복, 놀이를 통한 배움의 가치를 최대한 존중하여 반영하며, 놀이 중심을 추구한다는 것은 영유아가 주도하는 놀이를 중심으로 보육과정을 구성하고 운영한다는 것을 의미한다.

4) 영유아의 자율성과 창의성 신장을 추구한다.

   영유아는 크고 작은 어려움을 스스로 해결해 나가고, 자신의 경험과 생각을 자유롭게 표현함으로써 자율성과 창의성을 기른다.

5) 영유아, 교사, 원장, 부모 및 지역사회가 함께 실현해 가는 것을 추구한다.

   가정에서와 기관에서는 유아가 주도적으로 충분히 놀이할 수 있도록 협력하고 지원한다. 지역사회의 인적·환경적·문화적 자원을 통해 영유아가 풍부한 경험을 할 수 있도록 지원한다.

2. 표준보육과정의 구성방향

표준보육과정이 추구하는 인간상은 「2019 개정 누리과정」에서 새롭게 제시한 추구하는 인간상을 동일하게 적용하여 변경하였다. 이는 0~5세 영유아를 보육하는 어린이집 현장에서의 혼란을 최소화하기 위함이다. 표준보육과정에서 제시한 인간상은 건강한 사람, 자주적인 사람, 창의적인 사람, 감성이 풍부한 사람, 더불어 사는 사람이며, 이는 미래의 핵심역량을 반영한 초·중등학교 교육과정의 인간상과 연계되어 있다.

1) 건강한 사람
2) 자주적인 사람
3) 창의적인 사람
4) 감성이 풍부한 사람
5) 더불어 사는 사람

3. 표준보육과정의 운영

1) 어린이집의 운영시간에 맞추어 편성한다.
2) 표준보육과정을 바탕으로 각 기관의 실정에 적합한 계획을 수립하여 운영한다.
3) 하루 일과에서 바깥 놀이를 포함하여 영유아의 놀이가 충분히 이루어지도록 편성하여 운영한다.
4) 성, 신체적 특성, 장애, 종교, 가족 및 문화적 배경 등에 따른 차별이 없도록 편성하여 운영한다.
5) 영유아의 발달과 장애 정도에 따라 조정하여 운영한다.
6) 가정과 지역사회와의 협력과 참여에 기반하여 운영한다.

7) 교사 연수를 통해 표준보육과정의 운영을 개선할 수 있도록 한다.

4. 연령별 목표와 내용

가. 0~1세 영역별 목표와 내용 해설

1) 기본생활

• 목표: 건강하고 안전한 일상생활을 경험한다.

기본생활 영역의 목표는 0~1세 영아가 건강하고 안전한 일상생활을 자연스럽게 경험하는 것이다. 0~1세 영아가 신체의 청결과 위생, 수유 및 이유식 등의 식사, 편안한 휴식과 배변을 통해 건강한 생활을 경험하며 놀이를 하고 교통수단을 이용하는 등 일상에서 안전한 생활을 경험하는 것을 목표로 한다.

(1) 도움을 받아 몸을 깨끗이 한다.

0~1세 영아가 몸을 깨끗이 할 때의 기분 좋음을 경험하며 위생과 청결에 대한 기본적인 감각을 기르는 것으로 교사의 도움을 받아 손과 몸을 씻고 이를 닦는 경험을 하는 내용이다.

(2) 음식을 즐겁게 먹는다.

0~1세 영아가 먹는 것에 대한 즐거움을 알고, 수유-이유식-고형식 등 다양한 음식을 섭취하는 과정을 즐겁게 경험하는 내용이다.

(3) 하루 일과를 편안하게 경험한다.

0~1세 영아가 어린이집에서의 수면, 휴식, 놀이 등의 일과를 건강하고 편안하게 경험하는 내용이다.

(4) 배변 의사를 표현한다.

0~1세 영아가 대소변의 마려움을 인식하고 배변 의사를 나타낼 수 있도록 하여 배변훈련을 준비하는 내용이다.

(5) 안전한 상황에서 놀이하고 생활한다.

0~1세 영아가 안전한 상황에서 놀이하고 생활하도록 하는 내용이다.

(6) 안전한 상황에서 교통수단을 이용해 본다.

0~1세 영아가 차량으로 이동할 경우 안전 장구를 착용하고 안전하게 이용하는 경험을 하도록 하는 내용이다.

(7) 위험하다는 말에 주의한다.

0~1세 영아가 위험하다는 말을 듣고 이에 반응을 보이며 주의할 수 있도록 하는 내용이다.

2) 신체운동

- 목표: 0~1세 영아의 신체운동 영역 목표는 주변 자극에 반응하고 감각으로 주변의 사물과 환경을 인식하며 자신의 신체를 즐겁게 탐색

해 보는 것에 중점을 둔다. 또한 영아의 기본 운동 능력을 발달시키기 위해 자신의 대소근육을 이용하여 기본 운동을 시도하고 실내·외에서 신체를 이용한 활동을 즐기는 것에 중점을 둔다.

(1) 감각적 자극에 반응한다.

0~1세 영아가 시각, 청각, 촉각, 후각, 미각의 오감각으로 다양한 감각 경험을 통해 자극을 느끼고 그 자극에 반응하는 내용이다.

(2) 감각으로 주변을 탐색한다.

0~1세 영아가 시각, 청각, 촉각, 후각, 미각의 오감각으로 주변의 사물을 포함한 환경을 탐색하는 내용이다.

(3) 신체를 탐색한다.

0~1세 영아가 자신의 손이나 발 등을 입에 넣어보거나 바라보고 팔, 다리, 몸통 등의 움직임을 탐색하는 가운데 자신에 대해 인식하게 되는 내용이다.

(4) 대소근육을 조절한다.

0~1세 영아가 목 가누기, 뒤집기, 앉기, 서기 등의 대근육 조절 능력을 발달시키는 것으로, 신체 균형을 잡으면서 안정되게 자세를 유지할 수 있는 능력을 키우는 내용이다.

(5) 기본 운동을 시도한다.

0~1세 영아가 몸을 한 곳에서 다른 곳으로 이동하는 기기, 걷기 등의 이동 운동과 제자리에서 몸을 축으로 하여 원하는 방향이나 물체를 향해 움직여 보는 뻗기, 흔들기 등의 제자리 운동을 시도해 보는 내용이다.

(6) 실내·외 신체활동을 즐긴다.

0~1세 영아가 몸을 움직이는 것에 활발히 참여하고 도구를 이용하여 다양하게 시도하며, 실내뿐만 아니라 실외에서도 신체활동을 하고 인근 놀이터나 공원, 지역사회 시설 등을 활용하여 신체활동을 즐기는 내용이다.

3) 의사소통

- 목표: 의사소통 영역의 목표는 0~1세 영아가 의사소통 능력의 기초를 형성하는 경험을 하는 것이다.

  0~1세 영아가 일상생활에서 다른 사람의 말이나 이야기를 듣고 말하기를 즐기며, 주변의 그림과 다양한 상징에 관심을 가지고 자유롭게 끼적이기에 관심을 갖는 것과 다양한 책과 이야기를 접하며 관심을 가지는 것을 목표로 한다.

듣기와 말하기	• 표정, 몸짓, 말과 주변의 소리에 관심을 가지고 듣는다. • 상대방의 이야기를 들으면서 말소리를 낸다. • 표정, 몸짓, 말소리로 의사를 표현한다.
읽기와 쓰기에 관심 가지기	• 주변의 그림과 상징에 관심을 가진다. • 끼적이기에 관심을 가진다.
책과 이야기 즐기기	• 책에 관심을 가진다. • 이야기에 관심을 가진다.

(1) 표정, 몸짓, 말과 주변의 소리에 관심을 가지고 듣는다.

0~1세 영아가 주변 사람의 표정과 몸짓에 관심을 가지고 반응하며, 주변에서 들리는 말소리와 소리에 관심을 보이면서 다양한 말과 소리에 주의를 기울여 들으며 소통하는 내용이다.

(2) 상대방의 이야기를 들으면서 말소리를 낸다.

0~1세 영아가 주변에서 말하는 이야기에 주의를 기울여 들으면서 다양한 발성과 옹알이로 반응하고 점차 적극적으로 말소리를 내며 소통하는 내용이다.

(3) 표정, 몸짓, 말소리로 의사를 표현한다.

0~1세 영아가 표정과 몸짓의 비언어적인 방법을 포함하여 점차 말소리와 같은 언어적인 방법으로 표현하게 되면서 소통의 방식을 다양하게 활용하여 의사를 표현하는 내용이다.

(4) 주변의 그림과 상징에 관심을 가진다.

0~1세 영아가 자신의 주변의 친숙한 그림이나 표지판, 상표와 같은 주

변의 친숙한 상징에 관심을 가지는 내용이다.

(5) 끼적이기에 관심을 가진다.

0~1세 영아가 손에 무엇인가를 쥐고 벽이나 바닥면에 끼적이기를 시도하며 의도적으로 움직여 어떤 결과가 나타나는 것에 관심을 가지는 내용이다.

(6) 책에 관심을 가진다.

0~1세 영아가 다양한 형태의 책을 탐색하는 경험을 하며 책에 대한 관심을 가지고 책과 자신의 경험을 관련 짓고 상징 행동을 하며 상상해 보면서 책에 대한 선호가 생기는 내용이다.

(7) 이야기에 관심을 가진다.

0~1세 영아가 이야기를 자주 접하게 되면서 점차 자신이 좋아하는 이야기에 대한 선호가 생기게 되는 것과 관련되는 내용이다.

4) 사회관계

- 목표: 사회관계 영역의 목표는 0~1세 영아가 자신을 인식하고 주변의 친숙한 사람과 관계를 맺는 경험을 하는 것이다.
  0~1세 영아가 다른 사람과 분리된 자신을 고유한 존재로 인식하고 친숙한 성인과 안정적인 애착을 형성하여 어린이집에서 또래, 교사와 편안하게 지내는 것을 목표로 한다.

*나를 알고 존중하기

• 나를 인식한다.

• 나의 욕구와 감정을 나타낸다.

• 나와 친숙한 것을 안다.

*더불어 생활하기

• 안정적인 애착을 형성한다.

• 또래에게 관심을 가진다.

• 다른 사람의 감정과 행동에 관심을 가진다.

• 반에서 편안하게 지낸다.

(1) 나를 인식한다.

0~1세 영아가 자신의 몸을 스스로 움직이기 시작하면서 자신의 신체를 탐색하고, 교사와 개별적으로 상호작용하는 일상적 경험을 통해 자신을 다른 사람과 독립된 존재로 인식하는 내용이다.

(2) 나의 욕구와 감정을 나타낸다.

0~1세 영아가 자신의 생리적 욕구와 감정을 나타내고 이에 대한 민감하고 따뜻한 반응과 돌봄을 받는 경험을 통해 자신의 욕구와 감정 표현에 익숙해지는 내용이다.

(3) 나와 친숙한 것을 안다.

0~1세 영아가 이름이나 친숙한 물건 등 자기에게 속한 것이 있다는 것을 일상에서 경험하면서 자신의 고유성을 인식하는 내용이다.

(4) 안정적인 애착을 형성한다.

0~1세 영아가 교사에게 정서적 유대와 심리적 안정감을 갖고 자신의 욕구와 관심을 표현함으로써 자신이 안전하게 보호받고 있다는 것을 인식하는 내용이다.

(5) 또래에게 관심을 가진다.

0~1세 영아가 교사 외에 다른 영아와 함께 지내는 경험을 통해 자연스럽게 자신과 구별되는 다른 존재로서 또래가 있다는 것을 인식하고 또래에게 관심을 가지는 내용이다.

(6) 다른 사람의 감정과 행동에 관심을 가진다.

0~1세 영아가 주변의 다른 사람이 표현하는 감정과 행동을 보고 자신이 여러 가지 감정을 표현하는 것처럼 다른 사람도 감정과 행동을 나타내는 존재임을 알고 관심을 가지는 내용이다.

(7) 반에서 편안하게 지낸다.

0~1세 영아가 자기가 속한 반의 쾌적한 환경, 반응적인 교사, 불편함을 주지 않는 또래, 규칙적인 일과운영 속에서 생활하며 정서적 안정감을 가지고 편안하게 지내는 내용이다.

5) 예술경험

• 목표: 예술경험 영역의 목표는 0~1세 영아가 자연과 생활에서 아름

다움을 느끼고 경험하며 표현하는 과정을 즐기는 것이다.
영아가 아름다움에 관심을 가지고 느끼는 것을 즐기며 자신의 경험과 느낌을 자연스럽게 표현하도록 한다.

(1) 소리와 리듬, 노래로 표현한다.

영아가 자신을 둘러싼 환경에서 들려오는 다양한 소리, 리듬과 노래 그리고 움직임에 주의를 기울여 관심을 두다가 익숙한 노래나 리듬을 선호하며 이를 표현하는 내용을 다룬다.

(2) 감각을 통해 미술을 경험한다.

영아가 감각을 통해 미술 표현을 시도하고 단순한 미술을 경험하며 즐기는 내용이다. 우연하게 미술경험을 하다 결과물을 만들어내고, 미술을 경험하는 과정에서 재료와 익숙해지며 재료를 이용하여 스스로 만들어 내는 창의적 표현을 즐기는 내용을 다룬다.

(3) 모방 행동을 즐긴다.

영아가 익숙하고 의미 있는 사람과 상호작용하며 타인의 표정이나 모습, 움직임을 모방하는 것에서부터 단순한 상징을 놀이로 즐기는 내용을 다룬다. 영아는 모방 행동을 통해 새로운 행동을 만들어 내고, 상대의 모방을 유도하며, 영아가 이를 다시 모방하는 순환관계를 보여주는 내용을 다룬다.

6) 자연탐구

• 목표: 자연탐구 영역의 목표는 0~1세 영아가 주변 환경과 자연에 관심을 가지는 경험을 하는 것이다.
0~1세 영아가 자신을 둘러싸고 있는 주변 세계와 자연에 호기심을 가지고 일상에서 탐색하기를 즐기며 주변의 동·식물과 날씨의 변화에 관심을 가지는 것을 목표로 한다.

(1) 자연과 생활에서 아름다움을 느낀다.

0~1세 영아가 자신을 둘러싼 일상적인 환경에서 소리나 움직임, 색과 모양 등에 호기심을 기울이며 미적이고 감성적인 경험을 통해 아름다움을 인식하는 과정으로 발전시켜 나가는 내용이다.

(2) 아름다움에 관심을 가진다.

0~1세 영아가 일상생활에서 자연이나 사물의 아름다움을 감상하고 즐길 수 있는 내용을 다룬다. 또한 반복적으로 경험하는 친근한 사람의 목소리, 주변의 소리와 리듬 있는 소리 그리고 익숙한 노래 등에 관심을 가지며 아름다움의 요소를 경험하는 가운데 이를 즐기는 내용을 다룬다.

(3) 주변 세계와 자연에 대해 호기심을 가진다.

0~1세 영아가 주변의 물체와 물질, 동·식물, 자연물, 자연현상 등에 대해 궁금해하고 알고자 하며 작은 변화를 발견하고 즐거워하는 내용이다.

(4) 사물과 자연 탐색하기를 즐긴다.

0~1세 영아가 주변의 물체, 자연물 등을 다양한 방법, 또는 영아 나름의 방법으로 탐색하기를 즐기는 내용이다.

(5) 친숙한 물체를 감각으로 탐색한다.

0~1세 영아가 주변에서 쉽게 발견할 수 있는 친숙한 물체와 물질, 사물, 자연물을 시각, 청각, 촉각 등의 감각을 이용하여 탐색하는 내용이다.

(6) 물체의 수량에 관심을 가진다.

0~1세 영아가 놀이와 일상생활에서 물체가 있다가 없어지는 경험을 하면서 물체의 있고 없음과 물체의 많고 적음에 관심을 가지는 내용이다.

(7) 주변 공간과 모양을 탐색한다.

0~1세 영아가 뒤집고, 눕고, 앉고, 기고, 서고, 걷고, 오르내리며 몸으로 공간을 탐색하며, 주변에서 접하는 물체를 늘어놓고, 쌓고, 끼우고, 굴리면서 모양을 탐색하는 내용이다.

(8) 규칙성을 경험한다.

0~1세 영아가 일상에서 반복적인 하루 일과 흐름을 경험하고, 일상생활과 놀이에서 자연스럽게 소리, 리듬, 동작, 모양 등에 나타나는 규칙성을 경험하는 내용이다.

(9) 주변의 동·식물에 관심을 가진다.

0~1세 영아가 풀, 꽃, 나무, 곤충, 동물 등 주변의 익숙한 동·식물의 모양이나 색, 소리, 움직임, 냄새, 촉감 등에 관심을 가지는 내용이다.

(10) 날씨의 변화를 감각으로 느낀다.

0~1세 영아가 일광욕을 하거나 산책, 바깥놀이를 하면서 바람, 햇빛, 비 등을 직접 감각으로 느끼는 내용이다.

나. 2세 영역별 목표와 내용 해설

1) 기본생활

- 목표: 기본생활 영역의 목표는 2세 영아가 건강하고 안전한 생활습관의 기초를 형성하는 것이다.
  2세 영아가 신체의 청결과 위생, 즐거운 식사, 배변습관의 형성, 안전한 놀이와 생활, 위험한 상황에서의 대처 등 일상생활에서 건강하고 안전한 생활습관의 기초를 형성하는 것을 목표로 한다.

- 건강하게 생활하기

영아가 신체의 청결과 위생, 급·간식, 배변습관의 형성, 즐거운 하루 일과 등을 통해 건강한 생활습관의 기초를 형성하는 내용이다.

- 안전하게 생활하기

영아가 놀이와 일상생활에서 안전하게 지내고, 위험한 상황에서 어른의 지시에 따라 대피하여 자신의 안전을 지키는 경험을 해 보는 내용이다.

(1) 자신의 몸을 깨끗이 해 본다.

2세 영아가 스스로 손과 몸 씻기 및 이 닦기 등을 시도하고 경험하며, 위생적이고 청결한 생활습관의 기초를 형성하는 내용이다.

(2) 음식에 관심을 가지고 즐겁게 먹는다.

2세 영아가 위생적인 환경에서 다른 사람과 더불어 다양한 음식을 즐기며, 건강한 식사 습관의 기초를 형성하는 내용이다.

(3) 하루 일과를 즐겁게 경험한다.

2세 영아가 놀이, 휴식(수면), 식사 등 어린이집의 규칙적인 일과 속에서 즐겁게 생활하고, 일과 중 옷을 입고 신발을 신는 등의 자조기술을 시도하며 자율감을 경험하는 내용이다.

(4) 건강한 배변 습관을 갖는다.

2세 영아가 배변과 관련된 신체 조절능력 발달을 바탕으로 즐겁게 배변훈련을 시도하고 경험해 보도록 함으로써 건강하고 자율적인 배변습관을 형성하는 내용이다.

(5) 일상생활에서 안전하게 놀이하고 생활한다.

2세 영아가 안전한 상황과 장소에서 놀이 및 일상생활을 하고 주변의 위험 요소에 주의를 기울이거나 이를 조심하여 안전하게 지내도록 하는 내용이다.

(6) 교통수단을 안전하게 이용해 본다.

2세 영아가 교통수단을 안전하게 이용해 보는 경험을 통해 교통수단의 위험을 인식하고 사고위험으로부터 자신을 보호하는 안전습관의 기초를 형성하는 내용이다.

(7) 위험한 상황에 대처하는 방법을 경험한다.

2세 영아가 사고, 화재, 재난 등 위험한 상황에서 어른의 지시에 따라 대피하거나 대처하는 방법을 경험해 보도록 함으로써 비상 시 대처능력의 기초를 형성하는 내용이다.

2) 신체운동

- 목표: 신체운동 영역의 목표는 2세 영아가 감각을 활용하고 신체활동을 즐기는 경험을 하는 것이다. 신체운동 영역은 2세 영아가 감각을 활용하여 주변 사물과 환경을 탐색하고 자신의 신체를 인식하며, 대소근육을 조절하고 기본 운동과 실내·외 신체활동을 즐기도록 하는 데 중점을 둔다.

(1) 감각 능력을 활용한다.

2세 영아가 다양한 감각기관을 활용하여 주변의 사물과 환경을 탐색하면서 사물의 특성과 환경을 인식하는 경험을 하게 하는 내용이다.

(2) 신체를 인식하고 움직인다.

2세 영아가 자신의 신체를 탐색하면서 자신의 신체에 대해 인식하고 움직이는 경험을 하게 하는 내용이다.

(3) 대소근육을 조절한다.

2세 영아가 몸의 균형을 잡고 몸을 자유롭게 움직이면서 대소근육을 조절하는 경험을 하게 하는 내용이다.

(4) 기본 운동을 즐긴다.

2세 영아가 신체의 위치를 바꾸면서 몸을 한 곳에서 다른 곳으로 옮기는 이동 운동이나 장소를 움직이지 않고 제자리에서 움직이는 비이동 운동을 경험하게 하는 내용이다.

(5) 실내·외 신체활동을 즐긴다.

2세 영아가 실내·외 다양한 신체활동과 도구를 이용한 신체활동에 참여하면서 즐거움을 느끼는 경험을 하게 하는 내용이다.

3) 의사소통

• 목표: 의사소통 영역의 목표는 2세 영아가 듣기, 말하기, 읽기, 쓰기의 의사소통 방식에 관심을 가지고 활용하며, 책과 이야기에서 상상하는 즐거움을 경험하기이다. 2세 영아가 일상생활에서 듣고 말하기를 즐기고, 그림과 문자 상징을 읽고 쓰기에 관심을 가지는 것과 책과 이야기를 즐길 수 있는 경험을 하는 것을 목표로 한다.

듣기와 말하기	• 표정, 몸짓, 말에 관심을 가지고 듣는다. • 상대방의 이야기를 듣고 말한다. • 표정, 몸짓, 단어로 의사를 표현한다. • 자신의 요구와 느낌을 말한다.
읽기와 쓰기에 관심 가지기	• 주변의 그림과 상징, 글자에 관심을 가진다. • 끼적이며 표현하기를 즐긴다.
책과 이야기 즐기기	• 책에 관심을 가지고 상상한다. • 말놀이와 이야기에 재미를 느낀다.

(1) 표정, 몸짓, 말과 주변의 소리에 관심을 가지고 듣는다.

2세 영아가 상대방의 표정, 몸짓, 말에 관심을 가지고 적극적으로 들으며, 상대방의 생각과 의도를 파악하고, 다양한 말과 소리의 차이에 관심을 가지고 듣는 내용이다.

(2) 상대방의 이야기를 듣고 말한다.

2세 영아가 상대방의 말 혹은 이야기를 듣고 반응하며 자신의 느낌, 생각을 상대방에게 말하는 경험을 하는 내용이다.

(3) 표정, 몸짓, 단어로 의사를 표현한다.

2세 영아가 표정과 몸짓의 비언어를 포함하여 단어 혹은 말로 자신의 의사를 표현하여 상대방과 소통하는 경험을 하는 내용이다.

(4) 자신의 요구와 느낌을 말한다.

2세 영아가 상대방에게 자신의 요구와 느낌을 자유롭고 편안하게 말하는 경험을 하는 내용이다.

(5) 주변의 그림과 상징, 글자에 관심을 가진다.

2세 영아가 주변 인쇄물의 그림이나 표지판, 상표와 같은 상징, 자신의 이름과 같이 친숙한 글자에 관심을 가지며 상징 읽기를 시도하는 내용이다.

(6) 끼적이며 표현하기를 즐긴다.

2세 영아가 다양한 쓰기 도구를 이용하여 의도적으로 끼적이며 이를 상징화하며 표현하는 것에 관심을 가지고 즐기는 내용이다.

(7) 책에 관심을 가지고 상상한다.

2세 영아가 주변의 다양한 책을 보는 것을 즐기며 책의 내용을 자유롭게 상상하는 내용이다. 영아는 선호하는 책이 생기고, 책을 만들기도 하며, 책 보기를 즐기게 되는 내용이다.

(8) 말놀이와 이야기에 재미를 느낀다.

2세 영아가 다양한 표현의 말과 이야기짓기를 즐기면서 말과 이야기의 변화에 재미를 느끼게 되는 내용이다.

4) 사회관계

• 목표: 2세 사회관계 영역의 목표는 2세 영아가 자신에 대해 알아가

고, 다른 사람과 더불어 생활하는 경험을 통해 사회관계 형성의 기초를 기르는 것이다.

2세 영아가 자신이 다른 사람과 다르다는 것을 알고 자신을 긍정적으로 인식하며, 다른 사람과 생활하며 즐겁게 지내기 위한 태도를 기르는 것을 목표로 한다.

(1) 나와 다른 사람을 구별한다.

2세 영아가 자신과 다른 사람의 신체적 특징, 능력, 성별 등을 바탕으로 구별함으로써 자신이 고유한 존재임을 인식하도록 하는 내용이다.

(2) 나의 감정을 표현한다.

2세 영아가 즐거움이나 기쁨, 슬픔이나 두려움, 화남 등 자신의 욕구나 감정을 인식하고, 다른 사람이 알도록 적절한 말과 표정, 행동으로 표현할 수 있도록 하는 내용이다.

(3) 내가 좋아하는 것을 한다.

2세 영아가 자신이 좋아하는 것, 관심이 생기는 것을 찾아 직접 해 보는 경험을 통해 자신이 스스로 무엇을 한다는 것에 만족감을 느끼며 자신에 대한 긍정적인 인식을 갖게 하는 내용이다.

(4) 가족에게 관심을 가진다.

2세 영아가 주변의 친숙한 사람 중에서도 가족이 보다 특별한 대상임을 알고 가족에게 관심과 소속감, 애정을 가지고 표현할 수 있도록 하는 내용이다.

(5) 또래와 함께 놀이한다.

2세 영아가 또래와 함께 놀이하는 경험을 통해 또래에게 자연스럽게 관심을 가지고 또래의 모습과 행동을 모방하면서 또래관계를 익히도록 하는 내용이다.

(6) 다른 사람의 감정과 행동에 반응한다.

2세 영아가 다른 사람의 기쁨이나 즐거움과 같은 긍정적인 감정뿐만 아니라 슬픔, 화남, 두려움, 아픔 등의 부정적인 감정을 알아차린다. 상대방의 감정에 같이 기뻐하고, 공감하며, 돕거나 위로를 하는 등의 반응을 할 수 있도록 돕는 내용이다.

(7) 반에서의 규칙과 약속을 알고 지킨다.

2세 영아가 자신이 자주 경험하는 상황에서 지켜야 할 간단한 규칙이나 약속이 있다는 것을 인식하고 이를 스스로 지키고자 노력하도록 돕는 내용이다.

5) 예술경험

- 목표: 예술경험 영역의 목표는 2세 영아가 일상에서 아름다움을 느끼고 즐기는 것이다.
  영아가 마주하는 자연과 생활 속 경험에서 아름다움을 느끼고 관심을 가지며, 예술을 통해 자신의 느낌과 생각을 자유롭게 표현하도록 한다.

(1) 자연과 생활에서 아름다움을 느끼고 즐긴다.

2세 영아가 무심히 지나칠 수 있는 일상의 자연이나 생활 속 공간, 사물 등의 아름다움에 주의를 기울여 아름다움을 풍부하게 느끼며, 자신과 또래의 다양한 예술적 표현을 감상하고 즐기는 내용이다.

(2) 아름다움에 관심을 가지고 찾아본다.

2세 영아가 다양한 소리나 리듬 등의 음악적 요소, 색이나 형태 등과 같은 미술적 요소, 사람과 사물, 동·식물의 움직임에서 아름다움을 발견하고 경험하는 내용이다.

(3) 익숙한 노래와 리듬을 표현한다.

2세 영아가 일상에서 익숙해진 노래를 부르고 간단한 리듬을 표현하는 것을 즐기는 내용이다.

(4) 움직임과 춤으로 자유롭게 표현한다.

2세 영아가 운율 있는 소리나 노래, 또는 보고 만지고 맛보는 등 감각적 경험에서의 느낌을 움직임이나 춤으로 표현하는 내용이다.

(5) 미술 재료와 도구로 표현해 본다.

2세 영아가 스스로 다루기 적절한 재료와 도구를 이용하여 자유롭게 미술 표현을 시도하고 이 과정을 즐기는 내용이다.

(6) 일상생활 경험을 상상놀이로 표현한다.

2세 영아가 일상생활에서 경험한 사건에 포함된 대상이나 상황을 상상놀이로 표현하며 즐기는 내용이다.

6) 자연탐구

- 목표: 자연탐구 영역의 목표는 2세 영아가 주변 환경과 자연에 관심을 가지고 탐색하는 과정을 즐기는 데 있다.
  2세 영아가 자신을 둘러싸고 있는 주변 세계와 자연에 대해 호기심을 가지고 생활 속에서 주도적으로 탐색하기를 즐기며 주변의 동·식물에 관심을 가지고 날씨와 계절의 변화에 관심을 가지는 것을 목표로 한다.

(1) 주변 세계와 자연에 대해 호기심을 가진다.

2세 영아가 자신이 관심 있는 물체와 물질, 동·식물, 자연물, 자연현상 등에 대해 주의를 기울이고 궁금해 하며 호기심을 가지는 내용이다.

(2) 사물과 자연을 반복하여 탐색하기를 즐긴다.

2세 영아가 자신이 관심 있는 물체와 물질, 자연물을 주도적으로 반복하여 탐색하기를 즐기는 내용이다.

(3) 친숙한 물체의 특성과 변화를 감각으로 탐색한다.

2세 영아가 주변에서 쉽게 발견할 수 있는 친숙한 물체와 물질의 모양, 색, 냄새, 소리, 질감과 같은 특성을 감각을 이용하여 탐색하고, 물체와 물질을 만지고 누르고 구부리고 섞어보면서 물체의 변화를 탐색하는 내용이다.

(4) 물체의 수량에 관심을 가진다.

2세 영아가 일상생활에서 익숙한 물체의 많고 적은 양을 구별하고 수에 관심을 가지는 내용이다.

(5) 주변 공간과 모양을 탐색한다.

2세 영아가 자신의 몸과 물체를 움직여 자신과 사물, 사물과 사물 간의 위치, 방향, 거리 등의 관계를 탐색하고 주변에서 자주 접하는 물체의 모양을 탐색하는 내용이다.

(6) 규칙성에 관심을 가진다.

2세 영아가 일상생활과 놀이를 통해 사물이나 사건, 자연의 변화가 일정한 순서로 반복되는 것에 관심을 가지는 내용이다.

(7) 주변 사물을 같고 다름에 따라 구분한다.

2세 영아가 관심 있는 사물이나 놀이자료를 영아 나름대로의 같고 다름의 기준에 따라 구분하는 내용이다.

(8) 생활 도구에 관심을 가진다.

2세 영아가 일상생활에서 사용하는 다양한 도구에 관심을 가지고 일상에서 직접 도구를 사용해 보는 내용이다.

(9) 주변의 동·식물에 관심을 가진다.

2세 영아가 주변의 반려동물이나 작은 곤충, 친숙한 동물, 꽃과 나무 등의 모양, 소리, 움직임에 관심을 가지는 내용이다.

(10) 날씨와 계절의 변화를 감각으로 느낀다.

2세 영아가 바깥놀이나 산책을 나가서 바람, 눈, 비, 추위, 더위 등 자연현상에 따라 변화하는 날씨와 계절을 감각으로 느끼는 내용이다.

5. 표준보육과정 해설서의 미술연계활동

(출처: 제4차 어린이집 표준보육과정 해설서)

1) 신체운동

내용 범주	신체 활동 즐기기	
내용	• 대소근육을 조절한다. (몸의 균형을 잡고 몸을 자유롭게 움직이면서 대소근육을 조절하는 경험) • 기본 운동을 즐긴다. (신체의 위치를 바꾸면서 몸을 한 곳에서 다른 곳으로 옮기는 이동 운동이나 장소를 움직이지 않고 제자리에서 움직이는 비이동 운동을 경험) • 실내·외 신체활동을 즐긴다. (실내·외 다양한 신체활동과 도구를 이용한 신체활동에 참여하면서 즐거움을 느끼는 경험)	
영아 경험이해	• 습자지 종이를 손으로 찢고, 뿌리고, 뭉쳐서 크게 만들면서 대소근육을 조절하는 경험을 한다. • 잘게 찢어진 습자지 종이를 위로 뿌리고 바닥에 떨어진 습자지 종이를 뭉쳐서 손으로 바구니에 던지거나 발로 차서 바구니에 넣으면서 실내에서 신체활동을 한다. • 영아가 교사에게 습자지 종이가 날리는 것을 보고 교사에게 '노란 비에요' 라고 말하고, 찢어진 종이를 뭉쳐서 나타난 커다란 공 모양을 보고 '이거 왕공이에요'라고 교사에게 자신의 느낌을 말한다.	
교사지원	공간	• 습자지 종이를 자유롭게 탐색할 수 있도록 미술 영역과 신체영역을 확장하여 넓은 공간을 제시한다.
	자료	• 습자지 종이에 관심을 가지고 감각기관을 활용하여 탐색할 수 있도록 다양한 색깔의 습자지 종이를 충분히 제공한다. • 습자지 종이를 뭉쳐서 만든 공을 던지고 싶어 하여 바구니를 제공한다.
	상호작용	• 실내에서 습자지 종이를 찢어보면서 놀이하다가 교실 바닥에 종이가 많이 널려 있을 때 종이를 뭉쳐보자고 새로운 놀이를 제안한다.
	안전	• 놀이과정에서 서로 부딪히지 않도록 넓은 공간을 지원한다. • 습자지 종이를 찢고 뿌리면서 충분히 놀이 후 바닥에 종이가 많을 때 뭉쳐보는 것으로 전환하여 미끄러지는 것을 예방한다.

2) 의사소통

내용 범주	읽기와 쓰기에 관심 가지기	
내용	• 주변의 그림과 상징에 관심을 가진다. (자신의 주변의 친숙한 그림이나 표지판, 상표와 같은 주변의 친숙한 상징에 관심을 가지는 내용) • 끼적이기에 관심을 가진다. (손에 무엇인가를 쥐고 벽이나 바닥면에 끼적이기를 시도하며 의도적으로 움직여 어떠한 결과가 나타나는 것에 관심을 가지는 내용)	
영아 경험이해	• 자신의 이름 글자에 관심을 가지고 동그라미를 반복해서 끼적이며 주변의 그림과 상징에 관심을 가진다. • 골판지 위에 끼적이며 의도적으로 움직이면서 소리를 내거나 표현하면서 끼적이기에 관심을 가진다. • 교사의 끼적이기를 모방하며 선을 긋는 것을 즐긴다.	
교사지원	공간	• 교실에 낮은 교구장을 활용하여 끼적이기 공간을 마련하였고, 영아가 자유롭게 끼적일 수 있도록 한다.
	자료	• 끼적이기 공간인 교구장에 골판지와 다양한 색연필을 제공한다. • 영아가 자신의 것을 표시할 수 있도록 얼굴 사진 스티커를 제공한다.
	상호작용	• 영아와 함께 골판지에 끼적이고 소리가 나자 이를 말로 표현한다. • 영아가 끼적인 종이 뒷면에 영아의 이름을 써주고, 무엇을 하고 있는지 말로 설명한다. • 영아가 상징(이름글자)에 관심을 가지고 글자와 비슷한 형태의 끼적이기로 표현하는 과정을 지켜봐 준다.

내용 범주	듣기와 말하기	
내용	• 표정, 몸짓, 말과 주변의 소리에 관심을 가지고 듣는다. (상대방의 표정, 몸짓, 말에 관심을 가지고 적극적으로 들으며, 상대방의 생각과 의도를 파악하고, 다양한 말과 소리의 차이에 관심을 가지고 듣는 내용) • 상대방의 이야기를 듣고 말한다. (상대방의 말 혹은 이야기를 듣고 반응하며 자신의 느낌, 생각을 상대방에게 말하는 경험) • 표정, 몸짓, 단어로 의사를 표현한다. (표정과 몸짓의 비언어를 포함하여 단어 혹은 말로 자신의 의사를 표현하여 상대방과 소통하는 경험) • 자신의 요구와 느낌을 말한다. (상대방에게 자신의 요구와 느낌을 자유롭고 편안하게 말하는 경험)	
영아 경험이해	• 그림책의 그림을 가리키고 단어로 말한다. • 타조처럼 움직일 수 있느냐는 교사의 말을 듣고, 타조의 긴 다리를 표현하기 위하여 한 발을 뻗어 몸으로 표현한다. • 상어와 뱀을 그림으로 표현하고 명명하였고 교사가 뱀을 '배'라고 하자 다시 뱀으로 들리도록 소리를 조절하여 말한다. • 그림을 그려 자신이 무엇을 표현하고 있는지를 말하고, 상어 입을 그리는 등 교사의 요구를 그림으로 그려 반영한다.	
교사지원	공간	• 모든 공간에서 자유롭게 의사소통을 경험할 수 있도록 지원한다.
	자료	• 영아가 관심을 가질 수 있는 그림책, 쓰기도구(종이, 사인펜 등)를 제공한다.
	상호작용	• 표정, 몸짓, 언어 등에 관심을 기울이고 따뜻하게 반응한다. • 영아의 반응을 따라가며 예측하여 언어화하고, 반응을 기다리며 영아가 인지하는지 확인한다(영아가 그림을 그릴 때는 그림을 명명해 주고 영아가 인지하는지 확인).

내용 범주	듣기와 말하기	
내용	• 표정, 몸짓, 말과 주변의 소리에 관심을 가지고 듣는다. (상대방의 표정, 몸짓, 말에 관심을 가지고 적극적으로 들으며, 상대방의 생각과 의도를 파악하고, 다양한 말과 소리의 차이에 관심을 가지고 듣는 내용) • 상대방의 이야기를 듣고 말한다. (상대방의 말 혹은 이야기를 듣고 반응하며 자신의 느낌, 생각을 상대방에게 말하는 경험) • 표정, 몸짓, 단어로 의사를 표현한다. (표정과 몸짓의 비언어를 포함하여 단어 혹은 말로 자신의 의사를 표현하여 상대방과 소통하는 경험) • 자신의 요구와 느낌을 말한다. (상대방에게 자신의 요구와 느낌을 자유롭고 편안하게 말하는 경험)	
영아 경험이해	• 풀을 사용하면서 불편함을 느끼고 자신의 요구와 느낌을 교사에게 표현한다. • 바닥에 종이테이프로 공룡알 등을 만들고, 테이프를 붙이면서 무엇을 만들었는지 표현한다. • 테이프를 바닥에 붙이면서 또래에게 거미줄 놀이를 말로 제안한다. 책상과 상자에 테이프를 붙이면서 줄을 넘고, 줄 아래로 기어가며 놀이하는 방법을 상대방에게 말과 몸짓을 알려주며 놀이한다. • 종이테이프를 바닥에 붙여 거미줄로 상징화한 후 걷기를 시도한다. 종이테이프를 책상에 붙여 높이가 생기자 영아들은 기어가기, 넘어가기 등을 하며 이동운동을 시도한다.	
교사지원	공간	• 종이테이프를 교실 바닥에 붙이거나 책상에 붙이는 것을 허용하고, 책상과 의자 등을 자유롭게 옮기며 놀이할 수 있도록 지원한다.
	자료	• 영아들의 반응을 살펴보면서 풀, 물레방아 테이프, 종이테이프로 자료를 바꾸어 제시하여 영아가 스스로 사용할 수 있는 적합한 자료를 지원하기 위해 노력한다. • 영아의 안전을 고려하여 상자를 제공, 자유롭게 상자에 테이프를 붙이고 연결하여 놀이할 수 있도록 지원한다.
	상호작용	• 자유롭게 고유한 방식으로 테이프로 모양을 만드는 것을 인정한다. • 놀이(기차놀이)를 제안하며 함께 놀이한다. • 종이테이프를 이용하여 놀이를 변형(만들기-고래만들기-거미줄 놀이-테이프 넘고 아래로 기어가기)하는 영아의 놀이 방식을 존중하여 놀이가 이어질 수 있도록 한다.

내용 범주	읽기와 쓰기에 관심 가지기	
내용	• 주변의 그림과 상징, 글자에 관심을 가진다. (주변 인쇄물의 그림이나 표지판, 상표와 같은 상징, 자신의 이름과 같이 친숙한 글자에 관심을 가지며 상징 읽기를 시도) • 끼적이며 표현하기를 즐긴다. (다양한 쓰기 도구를 이용하여 의도적으로 끼적이며 이를 상징화하며 표현하는 것에 관심)	
영아 경험이해	• 영아는 상대방의 질문을 듣고 소방차에 대해 알고 있는 것이나 자신이 표현한 것을 말하며 소통한다. • 교사의 질문을 듣고 자신의 요구와 느낌을 말한다. • 소방차 책에 나오는 그림과 상징에 관심을 가지고 함께 읽는다. • 소방차 책에 관심을 가지고 소방차의 특징과 기능에 대해 상징화하여 상상하며, 의도적으로 끼적여 다양한 방식으로 표현한다.	
교사지원	자료	• 소방차 책에 관심이 있다는 것을 알게 되어, 소방차 사진 자료를 제공한다.
	상호작용	• 요구에 반응하고 함께 끼적이기를 하며 영아의 끼적이기를 지원한다. • 영아가 끼적인 것에 관심을 가지고 영아가 표현한 것을 그대로 글자로 옮겨 써준다. 그림이 훼손되지 않도록 글자를 적어준다. • 영아의 끼적이기에 적극적으로 반응하여 영아가 편안하게 끼적이기를 계속할 수 있도록 격려한다.

내용 범주	읽기와 쓰기에 관심 가지기
내용	• 주변의 그림과 상징, 글자에 관심을 가진다. (주변 인쇄물의 그림이나 표지판, 상표와 같은 상징, 자신의 이름과 같이 친숙한 글자에 관심을 가지며 상징 읽기를 시도) • 끼적이며 표현하기를 즐긴다. (다양한 쓰기 도구를 이용하여 의도적으로 끼적이며 이를 상징화하며 표현하는 것에 관심)
영아 경험이해	• 도깨비불 노래를 부르면서 도깨비를 그림으로 상징화하여 표현하였고, 친구의 그림에 관심을 보이며 말하는 아이에게 머리 묶은 자신의 예쁜 모습이라며 그림의 의도를 설명한다. • 영아가 손가락으로 가리키며 친구에게 도깨비불을 더 그릴 것을 말로 요구한다. 친구의 요구를 받아 그림을 계속 그리며 서로의 관심과 의사를 소통한다.
교사지원	공간 및 자료: • 영아가 자유롭게 그릴 수 있는 크기의 종이를 제공한다. 상호작용: • 영아가 주도적으로 소통할 수 있도록 개입하지 않고 소통과정을 기록한다.

3) 사회관계

<table>
<tr><th>내용 범주</th><th colspan="2">나를 알고 존중하기</th></tr>
<tr><td>내용</td><td colspan="2">• 나와 다른 사람을 구별한다.
(자신과 다른 사람의 신체적 특징, 능력, 성별 등을 바탕으로 구별함으로써 자신이 고유한 존재임을 인식)
• 나의 감정을 표현한다.
(즐거움이나 기쁨, 슬픔이나 두려움, 화남 등 자신의 욕구나 감정을 인식하고 다른 사람이 알도록 적절한 말과 표정 행동으로 표현)
• 내가 좋아하는 것을 한다.
(자신이 좋아하는 것, 관심이 생기는 것을 찾아 직접 해 보는 경험을 통해 자신이 스스로 무엇을 한다는 것에 만족감을 느끼며 자신에 대한 긍정적인 인식을 갖게 함)</td></tr>
<tr><td>영아 경험이해</td><td colspan="2">• 자신의 얼굴 스티커를 사용하여 자신의 모습을 그림으로 표현해 보며 나를 인식한다.
• 자신의 그림과 다른 친구가 자신을 그려준 그림, 다른 친구의 그림을 비교해 보며 자신에 대한 특징을 알고 다른 사람과 구별하고, 또래와 함께 그림 그리는 놀이를 통해 다른 사람의 감정과 행동에 관심을 가진다.
• 여러 가지 감정들을 경험하고, 그림이나 표정, 말로 자신의 감정을 표현해 보는 경험을 통해 자신의 감정에 대해 안다.</td></tr>
<tr><td rowspan="2">교사지원</td><td>자료</td><td>• 교사는 영아들이 자신의 얼굴과 같은 반 친구들의 얼굴에 대해서도 알고 구분할 수 있도록 영아들의 실제 얼굴사진 스티커를 제공한다.
• 교사는 영아들이 감정에 관심이 있다는 것을 알고 다양한 감정의 예를 보여주기 위해 다양한 감정 그림 스티커를 제공한다.</td></tr>
<tr><td>상호작용</td><td>• 교사는 영아들이 얼굴 사진 스티커를 가지고 자신의 모습을 그려보고 자신과 다른 영아의 그림을 비교해 보면서, 자신에 대해 알아가는 흥미를 가질 수 있게 지원한다.
• 교사는 영아의 감정을 그림이나 언어로 표현해 보도록 격려하고, 영아들이 표현한 감정에 대해 명명하거나 어떤 경험과 관련이 있었는지 물어보며 영아들의 감정을 존중한다.</td></tr>
</table>

내용 범주	나를 알고 존중하기	
내용	• 나와 다른 사람을 구별한다. (자신과 다른 사람의 신체적 특징, 능력, 성별 등을 바탕으로 구별함으로써 자신이 고유한 존재임을 인식) • 나의 감정을 표현한다. (즐거움이나 기쁨, 슬픔이나 두려움, 화남 등 자신의 욕구나 감정을 인식하고 다른 사람이 알도록 적절한 말과 표정 행동으로 표현) • 내가 좋아하는 것을 한다. (자신이 좋아하는 것, 관심이 생기는 것을 찾아 직접 해 보는 경험을 통해 자신이 스스로 무엇을 한다는 것에 만족감을 느끼며 자신에 대한 긍정적인 인식을 갖게 함)	
영아 경험이해	• 좋아하는 재료를 탐색하고, 그것들을 활용한 놀이를 찾아 매일 새로운 시도를 해 보며 자신이 선호하는 놀잇감에 대해 알고 자신이 좋아하는 놀이 한다. • 영아는 여러 가지 색 철사, 나뭇가지, 천사점토 등 다양한 재료에 관심을 가지고 이리저리 탐색하며 물체들의 다양한 특성과 변화를 감각으로 탐색한다. • 철사를 구부려 동그랗게 만들려고 여러 차례 시도해 보다가 아직은 조절이 어려운지 말발굽 모양으로 철사를 구부리고, 철사를 구부려 만든 장식을 나무에 걸어주거나 천사점토에 꽂아보며 손과 손가락의 힘을 조절한다. • 열매나 잎이 모두 떨어져 텅 빈 나뭇가지를 예쁘게 보이도록 꾸며주거나 나뭇가지를 구부려 가로등이라고 명명하며 사물을 표상하고 영아가 생각한 것을 철사와 점토, 나뭇가지 등의 미술 재료를 이용하여 표현한다.	
교사지원	공간	• 교사는 영아가 좋아하는 놀이를 며칠 동안 이어나갈 수 있도록 놀이하는 공간과 영아의 작품을 그대로 보전해 준다.
	자료	• 교사는 영아가 탐색할 수 있는 새로운 자료들을 제공한다. • 영아가 새로운 자료에 관심을 보이면 그 자료를 활용한 놀이를 확장할 수 있는 다른 자료는 없는지 살펴보고 제공한다.
	상호작용	• 교사는 영아가 관심을 보이는 놀이를 관찰하며 영아가 만든 것이나 하고 있는 놀이에 대해 질문하며 관심을 보여주고 격려한다. • 영아의 다양한 시도, 독립적인 수행과 성취에 대해 칭찬해 주고, 영아가 스스로 능력이 있다고 느끼고 조절할 수 있도록 도와준다.

내용 범주	더불어 생활하기	
내용	• 또래와 함께 놀이한다. (또래와 함께 놀이하는 경험을 통해 또래에게 자연스럽게 관심을 가지고 또래의 모습과 행동을 모방하면서 또래관계를 익히도록 하는 내용) • 다른 사람의 감정과 행동에 반응한다. (다른 사람의 기쁨이나 즐거움과 같은 긍정적인 감정뿐만 아니라 슬픔, 화남, 두려움, 아픔 등의 부정적인 감정을 알아차리고, 상대방의 감정에 같이 기뻐하고 공감하며, 돕거나 위로를 하는 등의 반응을 할 수 있도록 돕는 내용)	
영아 경험이해	• 자신이 놀이하는 모습을 바라보고 있는 친구가 자신의 놀이에 관심을 보인다는 것을 이해하고 함께 놀이할 것을 제안하며 자신의 생각과 느낌을 말하였고, 다른 사람의 감정과 행동에 적절하게 반응한다. • 영아는 교사가 제공해 준 달팽이 끈을 늘어놓으며 자신과 사물, 사물과 사물간의 위치, 거리 등의 관계를 탐색하였고, 길이를 비교하며 주변 사물의 같고 다름을 구분한다. • 영아는 '긴 것'에서 '기찻길'을 연상해내고, 교사의 '기차'에 대한 질문을 들은 후 스스로 '기차'가 되는 상상을 하며 자신의 생각을 말한다.	
교사지원	공간	• 교사는 여아들이 실내에서도 기차놀이를 할 수 있도록 넓은 공간을 마련한다.
	자료	• 교사는 영아가 자유롭게 탐색하고 여러 가지로 활용할 수 있는 색과 길이가 다양한 '달팽이 끈'을 제공한다.
	상호작용	• 교사는 영아가 가지고 놀이하는 재료에 대해 이야기하며 영아의 탐색을 격려한다. • 교사는 영아들이 하는 대화를 듣고, 관련된 질문을 하여 영아들의 상상력을 자극한다. • 기차가 되어 함께 놀이하는 여아들에게 어디로 가는지 물어봐 주어 친구들과 함께하는 놀이를 즐겁게 인식하고 또래관계를 확장할 수 있게 지원한다.

4) 예술경험

내용 범주	아름다움 찾아보기	
내용	• 자연과 생활에서 아름다움을 느낀다. (0~1세 영아가 자신을 둘러싼 일상적인 환경에서 소리나 움직임, 색, 모양 등에 호기심을 기울이며 미적이고 감성적인 경험을 통해 아름다움을 인식하는 과정으로 발전시켜 나가는 내용) • 아름다움에 관심을 가진다. (0~1세 영아가 일상생활에서 자연이나 사물의 아름다움을 감상하고 즐길 수 있는 내용)	
영아 경험이해	• 떨어진 꽃잎에 관심을 보였고, 꽃잎을 뒤집어보고 구부려보면서 모양을 유심히 쳐다보며 즐거워한다. • 새로 나온 꽃잎의 부드러움과 뾰족하게 나온 모양에 관심을 보인다. • 손으로 만졌다 놓았다 하며 손에 닿는 감촉을 즐긴다. • 나무의 부드러운 새순이 손에 닿는 느낌을 즐긴다.	
교사지원	공간	• 교사는 실외공간에서 영아가 자연물의 감각경험과 움직임을 경험하도록 지원한다.
	자료	• 실외놀이터의 자연의 식물들이 재료로 활용한다.
	상호작용	• 교사의 직접적인 상호작용보다 눈길이나 손짓 표현을 쫒으며 언어나 비언어적으로 격려한다.
	안전	• 새순을 조심히 다루어 꺾이지 않도록 유의한다. • 실외에서 유아가 하늘을 올려보는 등의 행동을 하다 뒤로 주저앉아 넘어지지 않도록 유의한다.

내용 범주	창의적으로 표현하기	
내용	• 감각을 통해 미술을 경험한다. (영아가 감각을 통해 미술 표현을 시도하고 단순한 미술을 경험하며 즐기는 내용. 우연히 미술경험하다 결과물을 만들어내고, 그 과정에서 재료와 익숙해지며 창의적 표현을 즐기는 내용) • 모방 행동을 즐긴다. (영아가 모방행동을 통해 새로운 행동을 만들어 내고, 상대의 모방을 유도하며, 영아가 이를 다시 모방하는 순환관계를 보여주는 내용)	
영아 경험이해	• 영아가 의도치 않게 끼적인 흔적을 바라보다 다시 끼적이고 바라보는 경험을 통해 의도하지 않은 흔적을 만들어 내는 것을 즐긴다. • 비 오는 날 튕겨나가는 물방울과 유리창에 흘러내리는 빗물을 따라 마커로 표현하는 것을 즐긴다. • 끼적이며 소근육을 조절하는 경험을 한다. • 또래친구가 끼적인 흔적에 관심을 가지며 함께하는 경험한다.	
교사지원	공간	• 영아가 유리 창가에 서서 안정적으로 빗방울의 흐름을 경험할 수 있도록 주변환경을 정비한다. • 교실바닥에 소포 포장지 전지 두 장을 붙여 영아가 자유롭게 끼적이기를 할 수 있도록 공간을 확보한다.
	자료	• 유리용 마커펜, 포장지 전지, 영아용 크레파스, 실외놀이용 이젤, 재활용 종이, 수성 마커 등을 제공한다.
	상호작용	• 영아가 창문에 흐른 빗방울에 관심을 가지고 바라볼 때 호기심을 언어로 지원한다. • 또래와 함께 마커펜으로 끼적이기를 할 때 영아가 만들어낸 흔적에 대한 표현인 혼잣말에 반응하여 상호작용한다.
	안전	• 영아가 창가에 서 있을 때 교사는 뒤편에서 영아를 안전하게 지지한다.

5) 자연탐구

<table>
<tr><th>내용 범주</th><td colspan="2">탐구과정 즐기기</td></tr>
<tr><th>내용</th><td colspan="2">• 주변 세계와 자연에 대해 호기심을 가진다.
(0~1세 영아가 주변의 물체와 물질, 동·식물, 자연물, 자연현상 등에 대해 궁금해 알고자 하며 작은 변화를 발견하고 즐거워하는 내용)
• 사물과 자연 탐색하기를 즐긴다.
(0~1세 영아가 주변의 물체, 자연물 등을 다양한 방법, 또는 영아 나름의 방법으로 탐색하기를 즐기는 내용)</td></tr>
<tr><th>영아
경험이해</th><td colspan="2">• 습자지를 흔들고 손으로 휘젓고 구기고 찢고 입으로 불거나 그 위에 눕기도 하면서 나름의 방법으로 탐색하여 즐거워한다.
• 습자지로 가로막힌 공간이 생기자 호기심을 가지고 몸을 숙여 건너편을 바라보다가 교사를 발견하고 즐거워한다.</td></tr>
<tr><th rowspan="3">교사지원</th><td>공간</td><td>• 습자지를 가지고 마음껏 탐색할 수 있도록 교구장 한편으로 치워 넓은 공간을 제공한다.</td></tr>
<tr><td>자료</td><td>• 습자지로 놀이하는 것을 좋아하여 일정한 간격을 두고 습자지를 반복하여 제공한다.
• 모든 아이들이 자유롭게 탐색할 수 있도록 많은 양의 습자지 제공한다.
• 교실공간을 가로질러 투명 테이프를 붙임으로써 습자지로 다채로운 놀이를 할 수 있도록 지원한다.</td></tr>
<tr><td>상호
작용</td><td>• 영아 나름의 방법으로 탐색할 수 있도록 옆에서 지켜보다가, 영아가 교사를 쳐다볼 때는 영아의 놀이 모습을 따라하며 격려한다.
• 교사는 영아의 행동을 언어로 표현하거나 영아의 놀이에 참여하며 같이 즐거워한다.</td></tr>
</table>

Ⅲ. 개정 누리과정의 미술교육

유아교육 현장에서 새로운 과제인 놀이 중심 개정 누리과정은 내용을 잘 이해하여야 한다. 2019 개정 누리과정은 새로운 시대적 요구에 따라 유아들이 좋아하는 놀이를 강조한다. 놀이가 중심인 개정 누리과정은 기존의 교사 중심 교수법을 벗어나 유아 중심의 새로운 지도방법을 시도해야 한다. 이는 미술교육에 있어서도 적용이 된다. 따라서 자발적인 유아의 참여를 위해서는 놀이 중심의 미술교육을 위한 지도안을 모색할 필요가 있다.

'코로나19'의 여파로 인한 유아의 밀집도 완화를 위한 놀이 제한과 마스크 착용 등의 생활수칙과 함께 '사회적 거리두기'는 우리 아이들의 자유롭고 풍성한 놀이에 한계를 만든다. 이로 인해 교사들은 개정 누리과정을 교육현장에서 실행하는 데 많은 어려움을 가지고 있을 것이다. 이에 현장 교사들의 놀이 중심 유아 미술교육의 이해가 더욱 필요하다.

1. 놀이 중심 교육과정에서 추구하는 인간상

누리과정이 추구하는 인간상은 다음과 같다.

1) 건강한 사람
2) 자주적인 사람
3) 창의적인 사람
4) 감성이 풍부한 사람
5) 더불어 사는 사람

1) 건강한 사람

건강한 사람은 몸과 마음이 고루 발달하고 스스로 건강함을 유지하며 안정적이고 안전한 생활을 하는 사람을 의미한다. 유아는 몸을 자유롭게 움직이며 놀이하는 것을 좋아하고, 세상과 즐겁게 교류하며, 자신의 건강과 안전을 스스로 지킨다. 개정 누리과정은 유아가 튼튼한 몸과 안정된 정서를 바탕으로 자신을 소중히 여기며, 일상에서 건강한 생활을 실천하고, 위험한 상황에서 자신을 보호하는 경험을 통해 건강한 사람으로 성장해 갈 수 있도록 돕는다.

2) 자주적인 사람

자주적인 사람은 자신을 잘 알고 존중하며 자신감을 가지고 스스로 할 수 있는 일을 주도적으로 해나가는 사람을 의미한다. 유아는 자신이 하고 싶은 놀이나 일을 스스로 결정하고 적극적으로 참여하며 이끌어 나간다. 개정 누리과정은 유아가 자신에 대한 이해를 바탕으로 자신을 가치 있고 긍정적인 존재로 여기며, 자신이 잘 할 수 있는 일이 무엇인지 알고 자신의 능력을 확장하기 위해 스스로 노력하는 사람으로 성장해 갈 수 있도록 돕는다.

3) 창의적인 사람

창의적인 사람은 주변 세계에 열려 있고, 호기심이 많으며, 자기만의 방식으로 상상하고 느끼고 표현하고 탐구하는 가운데 새롭고 독창적인 생각을 하는 사람을 의미한다. 유아는 자연과 일상에서 만나는 다양한 사물과 문제에 호기심이 많고 상상력이 풍부하며 궁금한 것을 적극적으로로 탐구하면서 스스로 답을 찾아낸다. 개정 누리과정은 유아가 놀이를 통해 자신의 관심과 흥미에 따라 세계를 탐색하고 도전하고 실험하는 과정에 적극적으로 참여하는 사람으로 성장해 갈 수 있도록 돕는다.

4) 감성이 풍부한 사람

감성이 풍부한 사람은 예술을 사랑하고 존중하며 자신을 둘러싼 주변 세계에 경이감과 아름다움을 느끼고 즐길 수 있는 풍부한 문화적 감수성을 지닌 사람을 의미한다. 유아는 다양한 사물과 매체, 사람과 자연에 민감하고 주변의 다양한 예술과 문화에 관심을 가지며 그 속에서 아름다움과 재미를 발견한다. 또한 유아는 이러한 아름다움을 다양한 언어, 노래와 몸짓으로 표현하는 것을 좋아하고 즐긴다. 개정 누리과정은 유아가 일상과 놀이 속에서 아름다움을 발견하고 공감하며, 이를 다양한 예술로 표현하면서 문화를 향유하는 사람으로 성장해 갈 수 있도록 돕는다.

5) 더불어 사는 사람

더불어 사는 사람은 자신이 속해 있는 사회에 소속감을 느끼고, 다른 사람과 생명을 존중하고 자연과 더불어 살아가며 보다 나은 사회를 만들기 위해 사회문제에 관심을 갖고 협력하는 민주 시민을 의미한다. 유아는 주변 사람을 포함한 모든 생명에 대한 감수성이 뛰어나며, 자신과 친근한 사람 및 주변 세계와 관계를 맺으면서 자발적으로 사회질서와 소통방식을 배워 나간다. 개정 누리과정은 유아가 가족, 이웃, 동식물과 주변 환경에 관심을 가지고 소중히 여기며, 서로 배려하는 마음과 태도, 책임의식을 가진 사람으로 성장해 갈 수 있도록 돕는다.

2. 놀이 중심 교육과정의 목적과 목표

누리과정의 목적은 유아가 놀이를 통해 심신의 건강과 조화로운 발달을 이루고 바른 인성과 민주 시민의 기초를 형성하는 데 있다.

이를 실현하기 위한 목표는 다음과 같다.

1) 자신의 소중함을 알고, 건강하고 안전한 생활 습관을 기른다.

2) 자신의 일을 스스로 해결하는 기초능력을 기른다.

3) 호기심과 탐구심을 가지고 상상력과 창의력을 기른다.

4) 일상에서 아름다움을 느끼고 문화적 감수성을 기른다.

5) 사람과 자연을 존중하고 배려하며 소통하는 태도를 기른다.

1) 자신의 소중함을 알고, 건강하고 안전한 생활 습관을 기른다.

개정 누리과정은 유아가 자신의 소중함을 알고, 건강하고 안전하게 생활할 수 있도록 돕는 것을 목표로 한다. 유아는 놀이를 통해 몸을 마음껏 움직이며 자신의 감정과 욕구에 귀를 기울여 조절하는 경험을 한다. 또한 유아에게는 일상에서 환경의 변화에 적응하는 데 필요한 건강하고 안전한 생활을 지속적으로 경험하는 것이 중요하다. 유치원과 어린이집은 유아가 자신의 몸과 마음에 대한 긍정적인 생각을 키워, 자신을 소중히 여기는 사람으로 성장하도록 도와야 한다. 또한 유아가 자신의 신체 리듬에 맞게 생활하고, 위험한 상황에 대처하는 방법들을 배울 수 있도록 지원해야 한다. 누리과정을 통해 유아는 자신의 소중함을 알게 되고, 건강하고 안전한 생활습관을 기르는 경험을 하며 건강한 사람으로 성장해 나간다.

2) 자신의 일을 스스로 해결하는 기초능력을 기른다.

개정 누리과정은 유아가 자신의 생각과 능력을 알고, 자신감을 바탕으로 자신의 일을 스스로 결정하고 해결하기 위해 필요한 기초능력을 기르도록 돕는 것을 목표로 한다. 유아는 자신이 하고 싶은 놀이에 적극적으로 참여하고 다양한 시도를 통해 자신이 좋아하고 잘할 수 있는 일에 대해 알아 가며, 자신이 가진 여러 가지 능력을 확장하는 경험이 필요하다. 유치원과 어린이집은 유아가 자신을 이해하고 소중히 여기며 자신의 일을 주도적이고 자율적으로 해결해 나가는 사람으로 성장하도록 도와야 한다. 또한 유아가 다른 사람과 함께 생활하는 동안 자신의 생각을 자신 있게 표현하며, 주어진 일에 책임감을 가지고 해결해 나갈 수 있도록 지원해야 한다. 누리과정을 통해 유아는 자신의 일을 스스로 해결하는 기초능력을 길러 자주적인 사람으로 성장해 나간다.

3) 호기심과 탐구심을 가지고 상상력과 창의력을 기른다.

개정 누리과정은 유아가 주변 세계에 대해 호기심을 가지고 탐구하는 과정을 통해 풍부한 상상력과 창의력을 기를 수 있도록 돕는 것을 목표로 한다. 놀이를 통해 유아는 한 번도 해 보지 않은 독특한 상상을 하고 누구도 생각하지 못한 새로운 생각을 만들어 낸다. 유치원과 어린이집은 유아가 주변 세계에 대한 호기심을 가지고 자유롭게 상상하며, 융통성 있는 발상의 전환을 지원한다. 또한 새로운 일에 대한 열린 태도와 도전 정신을 가지고 미래에 필요한 독창적인 능력을 키울 수 있도록 도와야 한다. 누리과정을 통해 유아는 호기심과 탐구심을 가지고 상상력과 창의력을 길러 창의적인 사람으로 성장해 나간다.

4) 일상에서 아름다움을 느끼고 문화적 감수성을 기른다.

개정 누리과정은 유아가 자연과 문화에 대한 감수성을 바탕으로, 일상 속에서 아름다움을 느끼고 즐기는 마음을 가지도록 돕는 것을 목표로 한다. 유아는 자신이 느낀 아름다움과 경이로움, 시적인 감수성을 예술적으로 표현하는 과정을 즐기며, 자연과 문화에 대해 열린 마음을 가지고 향유하는 경험이 필요하다. 유치원과 어린이집은 유아가 놀이를 통하여 문화적 공감 능력과 심미적 감수성을 키워 갈 수 있도록 도와야 한다. 누리과정을 통해 유아는 일상에서 아름다움을 느끼고 문화적 감수성이 풍부한 사람으로 성장해 나간다.

5) 사람과 자연을 존중하고 배려하며 소통하는 태도를 기른다.

개정 누리과정은 유아가 자연을 사랑하고 다른 사람을 존중하고 배려하며 서로 소통할 수 있는 태도를 기르도록 돕는 것을 목표로 한다. 유아는 가족과 친구, 이웃과 관계를 맺고 필요할 때 도움을 주고받으며 살아간다. 또한 유아는 자신과 생각이 다른 사람들과 갈등을 겪을 수도 있으나 이를 원만하게 해결해 보는 경험도 필요하다. 유치원과 어린이집은 유아가 놀이를 통하여 자연을 소중히 여기고 다른 사람과 협력하며 소통하는 방법을 경험할 수 있는 기회를 제공하여, 공동체 의식과 민주 시민의 역량을 키워 갈 수 있도록 도와야 한다. 누리과정을 통해 유아는 사람과 자연을 존중하고 배려하며 소통하는 태도를 길러 더불어 사는 사람으로 성장해 나간다.

3. 영역별 목표 및 내용

1) 신체운동·건강

(1) 목표

실내·외에서 신체활동을 즐기고, 건강하고 안전한 생활을 한다.

① 신체활동에 즐겁게 참여한다.

② 건강한 생활습관을 기른다.

③ 안전한 생활습관을 기른다.

(2) 내용

내용 범주	내용
신체활동 즐기기	신체를 인식하고 움직인다.
	신체 움직임을 조절한다.
	기초적인 이동 운동, 제자리 운동, 도구를 이용한 운동을 한다.
	실내·외 신체활동에 자발적으로 참여한다.
건강하게 생활하기	자신의 몸과 주변을 깨끗이 한다.
	몸에 좋은 음식에 관심을 가지고 바른 태도로 즐겁게 먹는다.
	하루 일과에서 적당한 휴식을 취한다.
	질병을 예방하는 방법을 알고 실천한다.
안전하게 생활하기	일상에서 안전하게 놀이하고 생활한다.
	TV, 컴퓨터, 스마트폰 등을 바르게 사용한다.
	교통안전 규칙을 지킨다.
	안전사고, 화재, 재난, 학대, 유괴 등에 대처하는 방법을 경험한다.

2) 의사소통

(1) 목표

일상생활에 필요한 의사소통 능력과 상상력을 기른다.

① 일상생활에서 듣고 말하기를 즐긴다.

② 읽기와 쓰기에 관심을 가진다.

③ 책이나 이야기를 통해 상상하기를 즐긴다.

(2) 내용

내용 범주	내용
듣기와 말하기	말이나 이야기를 관심 있게 듣는다.
	자신의 경험, 느낌, 생각을 말한다.
	상황에 적절한 단어를 사용하여 말한다.
	상대방이 하는 이야기를 듣고 관련해서 말한다.
	바른 태도로 듣고 말한다.
	고운 말을 사용한다.
읽기와 쓰기에 관심 가지기	말과 글의 관계에 관심을 가진다.
	주변의 상징, 글자 등의 읽기에 관심을 가진다.
	자신의 생각을 글자와 비슷한 형태로 표현한다.
책과 이야기 즐기기	책에 관심을 가지고 상상하기를 즐긴다.
	동화, 동시에서 말의 재미를 느낀다.
	말놀이와 이야기 짓기를 즐긴다.

3) 사회관계

(1) 목표

자신을 존중하고 더불어 생활하는 태도를 가진다.

① 자신을 이해하고 존중한다.

② 다른 사람과 사이좋게 지낸다.

③ 우리가 사는 사회와 다양한 문화에 관심을 가진다.

(2) 내용

내용 범주	내용
나를 알고 존중하기	나를 알고 소중히 여긴다. 나의 감정을 알고 상황에 맞게 표현한다. 내가 할 수 있는 것을 스스로 한다.
더불어 생활하기	가족의 의미를 알고 화목하게 지낸다. 친구와 서로 도우며 사이좋게 지낸다. 친구와의 갈등을 긍정적인 방법으로 해결한다. 서로 다른 감정, 생각, 행동을 존중한다. 친구와 어른께 예의 바르게 행동한다. 약속과 규칙의 필요성을 알고 지킨다.
사회에 관심 가지기	내가 살고 있는 곳에 대해 궁금한 것을 알아본다. 우리나라에 대해 자부심을 가진다. 다양한 문화에 관심을 가진다.

4) 예술경험

(1) 목표

아름다움과 예술에 관심을 가지고 창의적 표현을 즐긴다.

① 자연과 생활 및 예술에서 아름다움을 느낀다.

② 예술을 통해 창의적으로 표현하는 과정을 즐긴다.

③ 다양한 예술 표현을 존중한다.

(2) 내용

내용 범주	내용
아름다움 찾아보기	자연과 생활에서 아름다움을 느끼고 즐긴다.
	예술적 요소에 관심을 가지고 찾아본다.
창의적으로 표현하기	노래를 즐겨 부른다.
	신체, 사물, 악기로 간단한 소리와 리듬을 만들어 본다.
	신체나 도구를 활용하여 움직임과 춤으로 자유롭게 표현한다.
	다양한 미술 재료와 도구로 자신의 생각과 느낌을 표현한다.
	극놀이로 경험이나 이야기를 표현한다.
예술 감상하기	다양한 예술을 감상하며 상상하기를 즐긴다.
	서로 다른 예술 표현을 존중한다.
	우리나라 전통 예술에 관심을 가지고 친숙해진다.

5) 자연탐구

(1) 목표

탐구하는 과정을 즐기고, 자연과 더불어 살아가는 태도를 가진다.

① 일상에서 호기심을 가지고 탐구하는 과정을 즐긴다.

② 생활 속의 문제를 수학적, 과학적으로 탐구한다.

③ 생명과 자연을 존중한다.

(2) 내용

내용 범주	내용
탐구과정 즐기기	주변 세계와 자연에 대해 지속적으로 호기심을 가진다.
	궁금한 것을 탐구하는 과정에 즐겁게 참여한다.
	탐구과정에서 서로 다른 생각에 관심을 가진다.
생활 속에서 탐구하기	물체의 특성과 변화를 여러 가지 방법으로 탐색한다.
	물체를 세어 수량을 알아본다.
	물체의 위치와 방향, 모양을 알고 구별한다.
	일상에서 길이, 무게 등의 속성을 비교한다.
	주변에서 반복되는 규칙을 찾는다.
	일상에서 모은 자료를 기준에 따라 분류한다.
	도구와 기계에 대해 관심을 가진다.
자연과 더불어 살기	주변의 동·식물에 관심을 가진다.
	생명과 자연환경을 소중히 여긴다.
	날씨와 계절의 변화를 생활과 관련짓는다.

누리과정의 구성의 중점을 보게 되면 첫 번째, 3~5세 모든 유아에게 적용할 수 있도록 구성한다. 두 번째, 추구하는 인간상 구현을 위한 지식, 기능, 태도 및 가치를 반영하여 구성한다. 세 번째, 신체운동·건강, 의사소통, 사회관계, 예술경험, 자연탐구의 5개 영역을 중심으로 구성한다. 네 번째, 3~5세 유아가 경험해야 할 내용으로 구성한다. 다섯 번째, 0~2세 보육과정 및 초등학교 교육과정과의 연계성을 고려하여 구성한다.

또한 교수-학습내용을 보게 되면 첫 번째, 유아가 흥미와 관심에 따라 놀이에 자유롭게 참여하고 즐기도록 한다. 두 번째, 유아가 놀이를 통해 배우도록 한다. 세 번째, 유아가 다양한 놀이와 활동을 경험할 수 있도록 실내·외 환경을 구성한다. 네 번째, 유아와 유아, 유아와 교사, 유아와 환경 간에 능동적인 상호작용이 이루어지도록 한다. 다섯 번째, 5개 영역의 내용이 통합적으로 유아의 경험과 연계되도록 한다. 여섯 번째, 개별 유아의 요구에 따라 휴식과 일상생활이 원활히 이루어지도록 한다. 일곱 번째, 유아의 연령, 발달, 장애, 배경 등을 고려하여 개별 특성에 적합한 방식으로 배우도록 한다.

예술경험영역은 자신의 생각과 느낌을 자유롭게 창의적으로 표현하고, 이를 즐기는 태도와 창의적 표현력을 기르기 위한 영역이며 아름다움에 관심을 가지고 예술경험을 즐기며 창의적으로 표현하는 능력을 기르도록 하는 데 그 목적을 두고 있다.

4. 영역별 미술활동

내용 범주	종이컵 활용하기
교사의 놀이의미 읽기	교사는 종이컵 놀이가 점차 다채로운 놀이가 되어 가는 것을 안다. 유아는 종이컵을 어떻게 가지고 놀지 목적을 먼저 정하고 놀이하는 것이 아니라 혼자 혹은 같이 다양한 지식을 활용하고 다른 유아와 협력하면서 놀이를 만들어 가며, 교사의 생각을 넘어서는 다양한 놀이가 생성한다는 것을 알게 된다.
유아의 경험이해	종이컵을 두 줄로도 쌓아 보고 쌓은 종이컵에 막대도 올려 본다. 그러다 다시 한 줄로 늘어뜨리고 종이컵에 인형을 넣어 댄싱 컵을 만들었다. "종이컵이 돌아, 돌아… 휘리릭…. 인형을 태운 댄싱 컵이야." 유아가 와서는 종이컵에 구슬을 숨긴다. 종이컵에 구슬 한 개를 숨기고 종이컵을 섞는다. "현아야, 구슬 어디 있는지 찾아봐." 유아들은 같이 종이컵 속 구슬 찾기 놀이를 한다. 종이컵을 잘라서 끈을 연결해 머리띠와 팔찌를 만든다. 주미는 '끈을 연결하려면 어떻게 해야 할까?' 고민을 하다가 선생님에게 도움을 요청한다.
교사의 놀이이해도	교사는 종이컵 놀이가 점차 다채로운 놀이가 되어 가는 것을 안다. 유아는 종이컵을 어떻게 가지고 놀지 목적을 먼저 정하고 놀이하는 것이 아니라 혼자 혹은 같이 다양한 지식을 활용하고 다른 유아와 협력하면서 놀이를 만들어가며, 교사의 생각을 넘어서는 다양한 놀이가 생성한다는 것을 안다.
예술경험	창의적으로 표현하기 → 다양한 미술 재료와 도구로 자신의 생각과 느낌을 표현한다. 유아는 종이컵과 다른 재료들을 활용하여 댄싱 컵, 게임 도구(구슬 찾기, 공 불기, 공 던지기), 울타리, 머리띠와 팔찌 등을 만들며 자신의 생각과 느낌을 표현한다.
교사지원	종이컵으로 놀이하는 방법을 제안하지 않고, 공간의 구분 없이 교실 전체 어디에서든지 놀이할 수 있도록 한다.

내용 범주	색 철사의 변신
교사의 놀이의미 읽기	유아가 다양한 색과 굵기의 색 철사와 다양한 재료(단추, 나뭇가지 등)로 놀이하는 과정과 안전하게 놀이하는지를 관심을 기울여 살펴본다.
유아의 경험이해	색 철사 공간에는 다양한 굵기와 색의 철사와 단추, 나뭇가지 등이 있다. 유아는 색 철사 중 가장 굵은 색 철사를 먼저 선택하여 탐색하기 시작한다. 색 철사의 한쪽 끝을 뭉쳐 손가락으로 꼬집듯이 잡는다. 그러자 색 철사 끝에 매듭이 생긴다. 손을 살살 움직여 모양을 만든다. 다음 날부터 유아들은 다양한 굵기의 색 철사로 놀이를 한다. 매듭 만드는 방법을 배운 다음 날 색 철사 양 끝을 한데 모아 손으로 꾹꾹 눌러 매듭을 만든다. 색 철사만으로 모양을 만들던 지영이는 다음 날 나뭇가지에 색 철사를 감아 본다. 나뭇가지에 색 철사를 감는 것이 쉽지 않다. 나뭇가지 위에 색 철사를 올려놓고 한 바퀴 감은 후 손으로 꾹 눌러 고정한다. 색 철사만으로 모양을 만들던 지영이는 다음 날 나뭇가지에 색 철사를 감아 본다. 나뭇가지 위에 색 철사를 올려놓고 한 바퀴 감은 후 손으로 꾹 눌러 고정한다. 유아는 계속해서 색 철사와 다양한 매체를 섞어 복잡한 형상을 만들어 낸다. 그리고 교사에게 작품을 교실 한쪽에 전시해 달라고 한다. 유아는 친구들이 만든 작품을 감상하며 놀이를 계속한다.
교사의 놀이이해도	교사는 유아가 색 철사를 만지고 느끼면서 그 특성을 확인하고, 지속적으로 놀이하면서 색 철사 놀이를 변형해 나간다는 것을 알게 되었다. 색 철사는 위험할 수도 있는 매체라 생각했으나, 유아 스스로 조율해 가며 안전하고 즐겁게 놀이할 수 있음을 확인한다.
교사지원 특징	색 철사 공간에는 다양한 두께와 색의 철사와 함께 색 철사로 꿸 수 있는 단추, 감을 수 있는 나무 막대 등을 마련해 유아가 재미있게 놀이할 수 있도록 한다. 유아가 색 철사와 다른 자료를 사용하여 형상을 복잡하게 만들어 가는 것을 보고, 더 다양한 자료를 제공한다. 그리고 복잡한 형태의 색 철사를 벽이나 천장에 달아 전시하였을 때 유아가 아름다움을 더 잘 느끼는 것을 보고, 유아들의 작품을 벽과 천장에 전시하여 다른 유아의 놀이 결과를 함께 감상할 수 있도록 한다.

내용 범주	물감으로 놀기
교사의 놀이의미 읽기시작	유아가 물감 놀이를 하고 싶다고 요청하여 물감을 제공하고 놀이하는 모습을 기록한다.
유아의 경험이해	교사는 유아가 원하는 물감 놀이를 할 수 있도록 물감과 여러 자료를 제공하였다. 유아는 주저하지 않고 붓으로 색칠을 시작한다. 종이 위에 붓을 마구 움직여 색이 만들어지는 과정을 보며 계속하여 색칠을 하며 종이를 가득 채운다. 그리고 며칠 동안 붓을 "마구마구" 움직이며 색칠한다. 색칠을 똑같이 반복하는 것처럼 보이지만 유아의 손, 붓, 물감이 만날 때마다 움직임의 강도에 따라 색은 달라지고, 색을 덧칠하며 또 다른 색을 경험하게 된다. 이젤 앞에서 한 손에 붓을 들고 몸을 위 아래로 움직이며 '신나게' 온몸으로 색을 칠한다. 손뿐만 아니라 온몸으로 붓, 물감과 교감한다. 그리고 우연히 칠한 색깔을 보고 떠오르는 이야기를 상상하며 짓는다. 손바닥에 직접 물감을 짜고 로션처럼 비비자 다른 유아도 이를 따라 한다. 물감이 묻은 손을 맞잡아 비비며 색이 달라지는 것을 발견한다. 유아는 붓 대신 손으로 색칠하고, 손에다 색칠하고, 손을 비벼 색을 만드는 경험을 주도해 간다. 색이 만들어지는 경험과 색을 몸으로 만나는 경험을 동시에 하는 것이다. 이 놀이는 긴 시간 이어진다. 이처럼 유아는 물감을 붓으로, 손으로 탐색하고 색칠하는 놀이에 몰입한다. 반복만 하는 듯한 이 놀이는 매번 새로운 색을 만나며 차이를 생성하는 과정이다. 유아는 물감을 몸 전체로, 손바닥과 손끝의 미세한 움직임으로 칠한다. 즉흥적으로 변형되는 놀이는 다른 유아와 공유하며 즐거움 자체가 된다. 물감으로 색을 만들고, 색을 몸으로 만드는 놀이는 지속된다.
교사의 놀이이해도	교사는 물감이 유아에게 색을 표현하는 도구 이상의 경험을 준다는 것을 알게 된다. 유아는 물감 놀이를 통해 물감을 탐색하고, 물감으로 표현하고, 색을 감상하는 통합적 경험을 한다.
교사지원 특징	교사는 물감 놀이를 하고 싶다는 유아에게 물감 공간을 마련하여 준다. 유아가 마음대로 물감을 섞고 놀이할 수 있는 충분한 시간과 여러 크기의 종이 등을 제공한다.

내용 범주	혼자 그림만 그리는 유아 살펴보기
교사의 놀이의미 읽기시작	교사는 주로 혼자 놀이하는 유아의 놀이 과정을 이해하기 위하여 영상으로 촬영한다.
유아의 경험이해	유아의 고유성은 유아 스스로 선택하고 몰입한 놀이에서 풍요롭게 그리고 자연스럽게 나타난다. 유아는 그림 그리기를 즐기며 자신의 상상 속 세계와 독창적인 표현을 즐긴다. 그리고 그림에 대한 자신의 생각과 느낌을 담아 교사와 친구에게 이야기를 한다. 유아는 '장난감'(3월)과 '바다 생물과 북극'(4월)을 주제로 자신의 세계를 자유롭게 표현한다. 이러한 과정에서 다른 유아는 한 장의 종이에 세밀하게 대상을 표현해낸 것을 보며 '○○의 그림은 숨은그림찾기'라고 했다. 또, '진짜는 없는 것이지만 유아가 상상하고 생각해서 그린 그림'이라고 말하며 ○○의 생각을 멋있게 여긴다. 다른 유아는 자유 그림에서 개별성을 발견한 것이다. 이처럼 다른 유아가 ○○의 그림에 대해 긍정적인 이야기를 해 주고, 자신의 그림에 대한 다른 유아의 관심이 높아지자 스스로를 긍정적으로 인식하게 된다. 혼자서 그림만 그리던 유아가 다른 유아와 교사에게 자신의 그림에 대해 이야기하는 순간 그림은 소통의 매개가 된다. ○○의 그림은 또래와 사회적 관계를 맺는 데 도움을 준다. 다른 유아는 ○○의 고유성을 자연스럽게 놀이에 연결하고, 다른 유아의 놀이에 참여하게 된다. ○○의 상상은 그림을 통하여 더욱 다채로워진다. 유아는 그림을 그리는 그 순간 놀이에 몰입했으며, 자신의 그림을 매개로 다른 사람들과 소통하며 즐거워한다.
교사의 놀이이해도	모든 유아는 놀이하면서 자신을 표현하고 있으며, 따라서 놀이에는 유아의 고유성이 있다는 것을 안다. 또한 유아는 각자의 고유성을 인정하면서 함께 놀이할 줄 아는 유능한 존재라는 것을 안다.
교사지원 특징	유아가 놀이할 수 있는 자유로운 시간과 공간을 허용해 주었고, 유아의 상상을 있는 그대로 인정해 주면서 표현의 과정을 함께 나눈다. 다른 유아와 현이의 그림 특징에 대해 대화를 한다.

내용범주	매일 팽이만 가지고 논다고요?
교사의 놀이의미 읽기시작	교사는 유아가 좋아하는 팽이 놀이를 허용하였고, 그 놀이가 매일매일 반복되는 것을 보고 언제까지 어떻게 놀이할지 기대하며 기록을 시작한다.
유아의 경험이해	어떤 유아는 일 년이라는 긴 시간 동안 매일 팽이를 돌렸다. 유아들은 자신의 생각을 담아 고유한 방법으로 팽이를 만드는 데 몰입한다. 팽이를 좋아하는 해바라기반 유아는 힘이 센 팽이를 만들고 싶어 하며, 팽이를 잘 돌리고 싶어 한다. 교사는 유아의 팽이 놀이를 지원하기 위하여 우유 뚜껑을 제공해 본다. 유아는 우유 뚜껑에서 '나 100' 스티커만 떼어 내 팽이를 꾸미고, 단추를 가져다 단추 팽이를 만든다. 유아는 교실 안의 다양한 블록과 재료들을 가지고 주어진 방법이 아닌 자신의 필요와 생각에 따라 자신만의 팽이를 만들어가며 자유롭게 논다. 6월경 점묘화를 그릴 때 사용했던 점 스티커로 피젯 스피너를 만들던 경험은 다음 해 1월 팽이와 만나 단추 팽이와 스티커 팽이로 나타난다. 랜덤으로 뽑히는 팽이 상자를 엄마와 인터넷으로 사 본 경험이 있는 유아는 재활용 종이 상자로 직접 '랜덤 팽이팩'을 만든다. 유아는 끊임없이 팽이를 돌리며 팽이 돌리기에 가장 적절한 자세를 찾기 위해 몸을 움직여 조절한다. 팽이가 오랫동안 균형을 잃지 않고 돌아가도록 유아는 팽이를 쥐는 손 모양, 팔꿈치를 꺾는 정도, 무릎의 굽힘 정도, 손가락 힘의 조절, 팽이를 떨어뜨리는 순간 등을 고려하여 신체를 조절하며 문제를 해결한다. 매일 팽이 대결을 하지만 매 대결마다 누가 이길지는 아무도 모른다. 어느 순간부터 승패는 중요하지 않게 되었다. 유아들은 다양한 블록들을 이용하여 즉흥적으로 팽이 경기장을 만든다. 미끄럼틀이 있는 경기장, 대각선 경기장, 헐랭헐랭 다리, 똥집 경기장까지 조금은 기괴하기도 하지만 창의적이고 재미있는 아이디어가 담긴 팽이 경기장을 상상하고, 경기장의 모형을 실험하며 탐구한다. 이 모든 과정에서 유아들은 서로 소통하고, 협력하며, 놀이를 즐긴다. 이렇듯 유아의 놀이는 유아 개인의 경험과 흥미, 발견과 탐색에서 출발하여 교사의 지원, 교실에서 이루어지는 서로 다른 놀이 경험과 우연히 만나 얽히면서 새로운 모습으로 생성되고, 다채롭게 발전한다.
교사의 놀이이해도	교사에게 매일 반복되는 놀이도 유아에게는 의미 있는 경험이 될 수 있다는 것을 알았다. 교실 안의 많은 놀이들은 서로 섞이기도 하고, 분리되기도 하면서 다시 새로운 놀이로 나타났다. 그 과정에서 유아는 5개 영역의 내용을 통합적으로 경험한다.

내용범주	매일 팽이만 가지고 논다고요?
교사지원 특징	이에 관심이 적었던 유아도 나만의 팽이를 만들기 시작하고, 친구들과 팽이 대결을 시작한다. 교사는 '팽이실험실'이라는 새로운 공간을 교실에 만들어 본다. 팽이 실험실에는 다양한 크기의 스티로폼 공과 나무 공, 공CD, 이쑤시개 등 팽이를 만들 수 있는 재료를 준비한다. 팽이 실험실 벽면에는 유아의 놀이 사진을 게시한다.

Ⅳ. 미술교육활동 시 교사가 가져야 할 태도

미술활동에서 미술교사의 역할과 자질이 무엇보다 중요하다. 교사의 수행능력에 따라 수업진행이나 결과에서 다르게 나타난다. 교사가 미술수업에서 교사의 역할을 잘 못 이해하고 영유아의 지도에 자신감을 갖지 못하면 이것은 지도능력을 위축하게 된다. 미술수업을 올바르게 진행하며 영유아 개개인이 미술수업의 목표를 달성하기 위해서는 바람직한 미술교사의 역할과 이를 위한 자질함양이 필요하다.

1. 미술을 지도하는 교사의 자질

1) 원만한 대인관계 – 동료교사와의 상호보완적인 활동이 활발하게 이루어지기 위해서 동료 교사와 친하게 관계 형성이 되어야 한다.
2) 개방성 – 영유아에게 질 높은 미술교육을 실천하기 위해서 미술교육 전문가 및 단체들과 협조하며 대화하는 개방적 자세가 필요할 것이다.
3) 융통성 – 영유아의 발달특성 및 흥미를 고려하여 활동을 준비해도 기대에 못 미치는가 하면 전혀 다른 방향으로 관심과 흥미가 전환되기도 한다.
4) 인내심 – 아이너스(Einus)는 미술의 전문성을 가진 사람들 중에서 자신들이 가진 기능을 발달시키는 데 있어서 얼마나 많은 시간과 노력이 소비되었는가에 대해서 인식하지 못한 채, 영유아에게서 성급하게 그들이 원하는 능력을 발달시키기를 기대한다며 주의를 당부

하였다.

5) 지식의 교육 – 색채론, 조형론, 미학, 미술사 등 무수한 전문 미술지식을 말하고 있다. 미술에 대해서 많이 아는 사람이 예술가는 아니듯이, 미술 관련 전문 지식은 미술의 이해와 창작을 돕는 주변적 영역이지 창작이 아니기 때문이다.

   미술 또한 만들어지는 행위로 되는 것이 아니듯이 미술 지식은 미술이 더 새롭고 아름답게 의미 있게 하도록 이끄는 것이기 때문이다.

6) 창의성 교육 – 한 사람의 창의성 교육에는 그 사람을 키우는 것이 아닌 그 문화와 사회를 키우게 하는 것일 것이다. 이것을 위해서는 미술교육이 과학교육과 문화교육보다도 더 큰 힘을 발휘할 수 있고 효과도 크게 내는 것이 교육학적 평가와 인식일 것이다.

- 영유아들의 상태나 흥미 정도를 이해하는 태도를 지녔는가?
- 미술교육에 대해서 올바른 인식을 지니고 있는가?
- 학습지도 방법은 계속적으로 연구를 하고 있는가?
- 교사 자신이 표현능력을 높이기 위해서 어떠한 노력을 하고 있는가?
- 국내, 국외에 미술전람회 및 미술교육 세미나 등에 대해서 관심을 얼마나 가지고 있는가?
- 교사의 외모는 청결하며 부드러운 동시에 유머러스하고 적극적인 태도를 보이고 있는가?

영유아의 능력에 맞는 자료를 준비하여 영유아 각자 생각과 느낌 또한 폭넓은 경험 등을 표현하고 독창적으로 창작력을 발휘하는가에 불편한 것이 없었는지를 생각해 볼 것이며, 개인이나 공동 작업으로써 서로의 의견을 존중하면서 계획하고 진행해서 서로 간에 발휘된 자신의 능력과 성취에 만족감을 만들어야 한다.

작업 환경에서 모든 준비가 영유아의 육체적인 발달에 저해하는 요인이 없었는지 확인을 해야 하겠고, 시작한 일을 끝까지 해내야 하는 습관을 갖는데 도움을 주어야 하는 노력이 필요할 것이다. 영유아의 창의성을 격려하고 자유로운 분위기를 만들어야 한다. 토론과 대화를 통해서 의사소통의 기회를 만들 수도 있어야 하며, 결과보다는 과정이 중요하다는 것을 알려주어야 할 것이다. 또 폭넓은 지식과 정보를 탐색하며 창의적 사고를 통해서 자신의 생각을 자기 뜻대로 표현할 수 있도록 나름대로 표현할 줄 아는 것을 알려주며, 자신의 작품에 대해서 이야기도 하고, 친구들도 다르게 표현한 것에 대해서 이야기할 수 있도록 상대방에게 생각의 폭을 넓힐 수 있게 도와줘야 할 것이다.

2. 미술을 지도하는 교사의 역할

미술활동 지도 시 교사는 허용적인 분위기를 제공해 주며, 인내심과 성의를 가지고 영유아에게 마음껏 창의성을 발휘할 수 있도록 안내하고 격려해 주어야 할 것이다.

미술활동 계획자, 환경의 제공자, 촉진자, 안내자, 평가자 등으로 구분할 수 있으며 구체적인 내용은 다음과 같다.

1) 미술활동 계획자로서의 교사의 역할

교사는 영유아의 발달과 미술교육에 관해서 이론을 근거로 하며 영유아의 개별적 성향, 발달 수준, 영유아의 흥미에 대해서 철저하게 계획을 세워야 한다.

주제에 맞도록 미술교육 계획을 작성하며 각 미술활동별로 사전활동이나 지도 방법 등 계획안을 구체적으로 활동에 필요한 자료와 재료를 대해서도 계획하여야 한다. 성인의 작품을 그대로 따라서 만드는 등의 활동은 피하되, 영유아의 선택을 존중하며 지도방법 및 확장활동에 대해서 구체적인 계획안을 수립하여야 한다. 영유아기의 손가락이나 손목, 팔 등의 근육을 고르게 발달시키기 위한 도구나 용구를 흥미 있게 사용하여 표현 기능과 능력의 기초를 길러주는 것이 필요하다. 칼이나 가위 등을 위험하다고 사용하는 것을 제한하기보다는 올바른 사용 기회와 방법을 가르치는 학습 기회를 갖도록 해야 한다.

영유아기의 발달단계는 영유아에 따라 매우 다르므로 교사는 영유아 개개인의 상태를 관찰하여 적용해야 한다. 특히 조기에 윗 단계의 적용을 통하여 영유아기의 실패감을 느끼게 해서는 안 된다. 영유아를 성인으로 성장해 가는 과정이란 차원에서가 아니라 영유아기의 고유한 과정과 세계가 있음을 이해하는 속에서 단계를 이해해야 한다.

2) 환경 제공자로서의 교사의 역할

교사는 미술 영역을 중심으로서 영유아의 발달단계에 알맞은 환경을 제공해 주어야 한다. 계획된 활동에 맞는 적절한 미술 자료와 재료를 준비, 제공해 주는 역할을 수행하여야 한다. 교사는 주변의 상품화된 물건 이외에 주변의 생활용품, 폐품, 자연물을 창의적으로 활용할 수 있어야 할 것이다. 또 영유아에게 필요한 충분한 양을 준비하여 제공하고 무엇보다도 안전한 환경을 제공해야 할 것이다.

수업에서 적절한 참고 작품의 제시와 재료를 안내하고 선택하도록 도와주어야 한다. 모방성이 강한 유·아동기에는 참고 작품을 제시할 경우 영유아들이 작품을 모방하게 되고, 다른 생각이나 표현을 하는 데 오히려 방해가 되는 경우가 생길 수 있다. 이것 때문에 교사는 참고 작품이나 자료를 어떻게 어떤 방법으로 제시하는 것이 좋은지 어려움을 갖게 된다. 자료를 활용하는 능력이나 방법을 모르는 영유아에게 교사는 적절한 방법의 연구가 필요하다. 미술활동에서 영유아가 새로운 생각을 해내는 능력은 교사의 다양한 수업 전개에서 이루어진다. 영유아가 활동 중에 생각의 실마리가 풀리지 않는 경우 참고 작품의 제시가 필요하며, 막연한 소개보다는 구체적인 대화를 통해 자신의 생각을 찾아내도록 도와주어야 한다. 예를 들면, 어느 부분이 마음에 드는지 조금 더 다른 생각으로 이끌어 가기 위하여 색깔, 형태 그리고 나중에는 주제나 중심 생각까지 바꿀 수 있도록 단계적으로 이끌어 간다면 참고 작품의 제시는 필요하며 성공적이라고 말할 수 있다. 단순히 참고 작품을 제시하는 교사는 참고 작품의 제시를 하지 않는 것보단 나쁜 결과를 초래할 수 있음을 명심하여야 한다. 표현 활동에서 영유아들의 재료 선택은 작품의 표현결과에 결정적 영향을 미치게 된다. 재료의 선택 과정에서 교사의 의도되지 않은 관여가 필요하다. 영유아가 왜 그런 재료를 선택하게 되었는지 어떤 표현을 위해서는 어느 재료가 적당한지를 생각해 보도록 지도되어야 한다. 재료 선택의 과정은 영유아의 구상과 제작 계획과 깊은 관련이 생기도록 자연스럽게 관여하는 교사의 역할이 필요하다. 예를 들어, 거친 표현에는 어떤 재료가 효과적인가? 기다란 형태를 나타내는 데는 어떤 재료가 좋을까? 잘 번지는 종이는 어느 것인가? 등 구체적인 생각으로 유도하는 대화의 진행이 좋은 방법이 될 수 있다.

3) 촉진자로서의 교사의 역할

교사는 영유아의 미술활동을 관찰하며 필요에 따라서 적절하게 개입하여 영유아의 활동을 촉진해 주어야 할 것이다. 교사는 영유아의 미술활동을 촉진시키기 위해서 영유아의 미술활동에 관심을 보이며, 흥미와 동기를 유발하고 적절한 질문을 통해 영유아가 스스로 문제를 해결해 나갈 수 있게 지원하여야 한다.

재료 아껴 쓰기나 다른 사람의 작품을 존중하는 태도는 평소 생활 속에서 사용할 수 있는 교수 전략이며, 영유아의 창의적 표현을 위해서 불필요한 설명이나 시범은 피하는 게 좋다. 다양한 사고를 하도록 격려하면서 영유아의 능력에 따라 적절하게 재료 사용을 도와 새로운 활동방법을 통해서 영유아의 창의적인 표현을 하도록 도와야 할 것이다.

미적 체험 활동인 감상이나 올바른 미술을 이해하도록 지도하는 과정을 만들고 수업 내용 중에 많은 시간을 할애하여야 한다.

대부분의 영유아에게 자신의 생각이나 자신의 기준으로 작품을 감상하는 능력을 길러 주어야 한다. 어떤 고정된 기준이나 교사의 기준에서 감상하지 않도록 지도되어야 한다. 미술 감상을 객관적 기준보다는 자신의 생각과 기준이 우선 된다는 실제의 내용으로 수업을 진행해 가야 한다. 자기가 좋아하는 색, 형태, 분위기 등이 감상의 기준이 되도록 하여 자기가 생각한 것으로 자유롭게 선택하도록 하여 자신감을 길러 주어야 한다. 미술활동에서 수업내용, 과정, 재료, 예상되는 활동결과, 우연적인 효과 등을 이해시키고 탐구해 내도록 유도하여야 한다. 미술을 단순히 직접적인 활동 수업이라고 생각하여 제작이나 행위에 중점을 두게 되는데 사실은 미술활동의 가장 큰 목표는 자신의 생각을 키워 가고 만들어 가며 바꾸어 가는 데 있다는 사실을 알아야 한다. 이것은 미술에서 이해교육이 선행되어야 효과적인 학습이 된다.

4) 안내자로서의 교사의 역할

교사는 영유아가 심리적으로 안정된 분위기에서 영유아의 생각이나 느낌을 자유롭게 표현하며 즐겁게 참여할 수 있도록 개방적이고 허용적이어야 한다. 개방적이고 허용적이기 위해서는 장소와 수업 분위기가 매우 중요하다. 영유아의 다양한 활동이 위축되지 않는 장소가 필요하다. 장소의 제약으로 인한 교사의 수업에서는 교사가 영유아들을 규제하게 되고 규제는 활동의 위축을 가져오게 된다. 여러 가지 교육 환경이 허락하는 한 야외든 넓은 곳이든 방법이나 행동에 제약을 받지 않도록 배려하는 것이 필요하다. 허용적 수업 분위기는 미술 교육에서는 필수적인 조건이다. 교사의 편리함 때문에 영유아를 제약하기보다는 영유아가 자유로운 생각을 위해서도 다소 어려움을 감수하고 자유롭고 개방적 분위기를 조성해야 한다. 앉거나, 눕거나, 자유로운 수업 자세를 의도적으로 시행해 보는 시간을 가져보는 배려로 영유아가 생각을 편하게 갖게 하는 기회도 좋은 방법 중의 하나이다.

결과를 중심적으로 활동방법을 가르치는 지도자가 아닌 영유아의 미술활동과정에서 노력과 성취에 대해서 인정하고 칭찬과 격려해 주는 안내자의 역할을 수행하도록 해야 한다. 이럴 때 다른 영유아와 비교하는 경쟁적 성취를 강조하는 것이 아닌 구체적인 수행을 근거로 하여야 할 것이다. 또 교사는 영유아가 주도적으로 활동에 주입할 수 있도록 스스로 창의적으로 표현하며 도와주어야 한다.

5) 평가자로서의 교사의 역할

교사는 미술활동을 통해 영유아가 어떻게 변화되었는가를 알아보는 평가자의 역할을 수행하여야 한다. 교사는 영유아가 그린 그림 또는 만든 작품 등을 지속적으로 수집하여 다양한 방법으로 평가해야 한다. 일정 기간 동안 일어난 영유아의 발달이 진보를 정확하게 평가를 할 수가 있다.

흔히 평가라 하면 영유아의 결과나 내용을 평가하여 누가 잘했는가를 평가하려 한다. 미술 교육에서 평가의 결과로 인하여 미술로부터 멀어지게 하며 흥미도 떨어뜨리고 성인이 되어서도 미술에 자신감 없게 만든다. 미술에서 평가의 역할은 영유아가 미술적인 표현이나 활동에 무슨 요인으로 인하여 부족함을 느끼는지, 어느 부분이 반성되며 다시 시도해 보고 싶은지 등을 찾아내는 것이 평가되어야 한다. 즉, 목표를 향해서 방향을 다시 정하는 데 도움을 주는 요인을 찾아내는 과정이라고 생각하여야 한다. 무엇에 어려움을 느끼는지, 어느 것은 발견하지 못하는지, 효과적인 표현기법이나 재료의 선택 능력을 점검하고 다시 시도해보도록 자료를 찾아내는 것이 미술에서의 평가이다. 평가에서 또 다른 중요한 점은 교사 스스로 자신의 교육에 대한 평가를 수시로 하여 미술수업 진행을 수정하는 자료로 삼는 것이다. 왜 영유아가 흥미를 갖지 않게 되는지, 다양한 생각을 해내도록 무엇이 지도가 잘못되었는지, 수업 내용을 새롭게 구성하고 진행하고 있는지, 같은 내용을 진행하는 데도 발문이 생각을 넓혀나가도록 적절한지, 영유아가 자신감 있게 수업에 임하도록 하고 있는지 등을 스스로 평가하여 수업을 개선해 나가야 한다.

미술 교사는 일반적으로 다른 교사가 갖추어야 하는 지도력은 물론 열린 사고와 교사 스스로 생각을 바꾸어 보는 유연한 능력과 기회를 갖도록 노력하여야 한다. 그래야 영유아의 서로 다른 생각들을 수용하고 격려할 수 있다. 그리고 미술 교육에 대한 전문적 이해와 연구 정신이 요구되기도 한다. 미술교육을 타 교과와 같이 생각하는 오해로 인해 미술이 바라는 다양함을 수용하지 못한다면 현장에서 미술교육은 미술이 지향하는 본질을 왜곡하여 특성을 살릴 수 없게 된다. 그러므로 영유아 미술교육에 대한 교사의 태도와 역할이 미술교육의 결과를 좌우할 뿐 아니라 장래까지도 막대한 영향을 미치게 된다.

Part 03

실제 미술활동

| 활동명 |

활동명: CD 꽃게

활동목표

- 꽃게의 모습에 관심을 가진다.
- 여러 가지 재료로 꽃게를 꾸민다.

활동재료

- CD, 빨대, 눈알, 스팽글, 모루, 가위, 그리기 도구(사인펜, 매직), 글루건, 목공용 풀

활동방법

- CD 한쪽 면에 빨대로 꽃게 다리와 눈을 붙인다.
- 빨대로 만든 눈에 눈알을 붙인다.
- CD 반대 쪽 반짝이는 부분에 다양한 재료(털실, 스팽글, 단추, 목공용 풀 등)로 꽃게 몸을 꾸민다.
- 이외에 여러 가지 바다 생물을 출력하여 오려 붙인다.

사전준비, 유의점, 확장활동

- 개인작품(CD 비늘)들을 모아 무지개 물고기 공동작품을 만들 수 있다.

활동명: OHP 물고기

활동목표

- OHP 필름을 이용하여 미술 표현을 할 수 있다.
- 여러 물고기 모양에 관심을 가진다.

활동재료

- OHP 물고기 도안, 매직, 가위, 꾸미기 재료, 목공용 풀

활동방법

- 물고기 사진(완성된 작품)을 보며 관련된 경험을 이야기 나눈다.
- OHP 필름에 출력된 물고기 도안을 매직으로 색칠한다.
- 가위로 물고기 모양대로 자른 후 꾸미기 재료(반짝이는 재료로 비늘)로 다양하게 꾸밀 수 있다.
- 창문에 OHP 물고기를 전시한다.

사전준비, 유의점, 확장활동

- OHP 필름에 여러 종류의 물고기 도안을 출력하여 준비한다.

활동명: OHP 초충도

활동목표

• 초충도를 감상하며 아름다움을 느낀다.
• 나만의 초충도를 그려본다.

활동재료

• 신사임당의 '초충도' 그림자료, OHP 필름, 매직, 네임펜

활동방법

- 신사임당의 '초충도'를 보며 이야기 나눈다.
- '초충도' 그림 위에 OHP 필름을 붙인다.
- OHP 필름에 매직과 네임펜으로 '초충도'를 따라 그린다.
- 신사임당의 '초충도'를 따라 그린 경험을 평가한다.

사전준비, 유의점, 확장활동

- 다양한 초충도를 교실에 게시하여 풀과 벌레 등의 그림을 감상할 수 있도록 격려한다.

활동명: 거품 바다

활동목표

• 비누 거품을 찍고 바닷속을 꾸며본다.

활동재료

• 물감, 물비누, 물, 컵, 빨대, 도화지

활동방법

- 컵에 물감, 물비누, 물을 넣어 비눗물을 만든다.
- 비눗물을 빨대로 불어 비누 거품을 만든다.
- 바다생물이 인쇄된 도화지에 비누 거품을 찍어본다.
- 비누 거품이 마르면 작품을 바닥에 붙여 전시한다.

사전준비, 유의점, 확장활동

- 비눗물을 들이 마시지 않도록 주의하며, 연령에 따라 교사가 직접 빨대로 거품을 불어준다.
- 여러 가지 바다생물 도안을 준비한다.
- 전시된 작품 위에 아스테이지를 깔아준다.

활동명: 거품 빙수

활동목표

- 비누 거품을 찍고 빙수를 꾸며본다.

활동재료

- 물감, 물비누, 물, 컵, 빨대, 도화지, 토핑 스티커, 토핑 그림자료, 가위, 풀

활동방법

- 컵에 물감, 물비누, 물을 넣어 비눗물을 만든다.
- 비눗물을 빨대로 불어 비누 거품을 만든다.
- 빙수 컵이 인쇄된 도화지에 비누 거품을 찍어본다.
- 비누 거품이 마르면 그 위에 토핑 스티커를 붙이거나 토핑 그림자료를 가위로 오려 붙인다.

사전준비, 유의점, 확장활동

- 비눗물을 들이 마시지 않도록 주의하며, 연령에 따라 교사가 직접 빨대로 거품을 불어준다.
- 거품 빙수에 연령이 낮으면 토핑 스티커를, 연령이 높으면 토핑 그림자료를 가위로 오려 풀로 붙인다.

활동명: 쌀과자 가족액자

활동목표

- 쌀과자를 감각적으로 탐색한다.
- 나만의 가족액자를 완성한다.

활동재료

- 아이스크림 막대, 쌀과자, 양면테이프, 가족사진, 지끈, 글루건, 리본끈

활동방법

- 쌀과자를 오감으로 탐색한다.
- 아이스크림 막대 액자틀에 양면테이프를 붙인 후 그 위에 쌀과자를 붙인다.
- 꾸며진 액자에 가족사진을 붙인다.
- 완성된 가족액자를 전시하고 감상한다.

사전준비, 유의점, 확장활동

- 영아를 대상으로 하는 활동으로 적합하다.
- 가정에 협조를 구해 가족사진을 가져오도록 한다.
- 교사가 미리 아이스크림 막대를 글루건으로 고정하여 액자틀을 만든다.
- 교사가 액자 뒷면에 지끈을 글루건으로 붙여 액자걸이를 만든다.
- 액자가 완성되면 교사가 가족사진과 리본을 접착제(양면테이프, 글루건)로 달아준다.

활동명: 교통기관 스텐실

활동목표

- 스텐실 기법을 이용하여 표현해 본다.
- 여러 종류의 교통기관 스텐실 작품을 감상한다.

활동재료

- 교통기관 스텐실 판(그림 본), 도화지, 물감, 물, 접시, 스펀지, 테이프

활동방법

- 교통기관에 대한 이전 경험을 이야기 나눈다.
- 도화지 위에 교통기관 스텐실 판(그림 본)을 올려놓는다.
- 접시에 담긴 물감을 스펀지에 묻혀 교통기관 스텐실 판(그림 본) 위에 찍는다.
- 스텐실 판(그림 본)을 떼어내어 물감을 말린 후 작품을 교실에 게시한다.
- 친구의 작품을 감상하며 이야기 나눈다.

사전준비, 유의점, 확장활동

- 교통기관 그림자료를 코팅한 뒤 그림 부분을 칼로 오려내어 스텐실 판(그림 본)을 만든다.
- 도화지와 스텐실 판(그림 본)이 흔들리지 않도록 테이프를 붙인 후 활동을 진행한다. 테이프를 너무 단단히 고정하면 테이프를 떼어낼 때 작품이 손상될 수 있다. 종이테이프를 이용하여 붙인다.
- 물감 활동 후 바로 손을 씻을 수 있도록 물 영역 근처에서 활동을 진행한다.
- 미술 영역에 건조대를 배치하면 교사의 이동 동선을 줄일 수 있다.

활동명: 구슬 그림

활동목표

- 구슬을 이용한 미술활동을 경험한다.
- 구슬을 굴리며 살펴본다.

활동재료

- 구슬, 도화지, 물감, 물감 그릇, 바구니

활동방법

- 구슬을 굴리며 영영유아의 관심을 유도한다.
- 바구니에 종이를 넣는다.
- 구슬에 물감을 묻혀 바구니 안에 넣고 굴려본다.
- 구슬에 여러 가지 색깔의 물감을 묻혀 함께 굴려본다.
- 구슬로 그린 그림 위에 자유롭게 그림을 그린다.

사전준비, 유의점, 확장활동

- 종이가 들어갈 만한 크기의 바구니를 미리 준비한다.
- 3.5cm 이상 크기의 구슬을 준비한다.
- 도화지에 그리기 도구로 그림을 그린 후 구슬 그림을 그릴 수 있다.

활동명: 깡통(페트병) 쉐이커

활동목표

깡통(페트병)을 흔들어 소리를 탐색한다.

활동재료

깡통(페트병), 곡물, 방울, 단추, 비즈, 종이테이프, 스티커, 매직

활동방법

- 깡통(페트병)을 굴려보며 탐색한다.
- 깡통(페트병)에 곡물(단추, 비즈)의 양을 조절하여 넣는다.
- 깡통(페트병) 안에 방울을 한 개씩 넣는다.

• 뚜껑을 닫고 종이테이프로 마감한다.
• 깡통(페트병) 겉면에 스티커를 붙여 꾸민다.
• 깡통(페트병)을 흔들어 소리를 들어본다.

사전준비, 유의점, 확장활동

• 깨끗하게 씻어 말린 깡통(페트병)을 준비한다.
• 가정에 협조를 구해 깡통(페트병)을 준비할 수 있다.

활동명: 나무젓가락 방울

활동목표

- 나무젓가락으로 방울 악기를 만들어 소리를 들어본다.

활동재료

- 나무젓가락, 방울, 털실

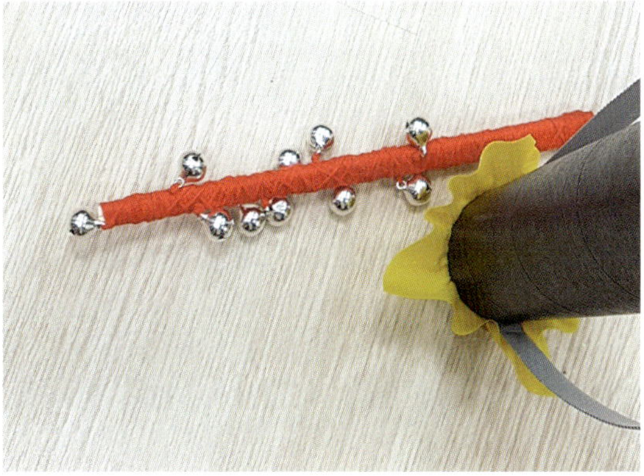

활동방법

- 방울을 흔들어 소리를 탐색한다.
- 털실로 나무젓가락을 감다가 중간에 방울을 엮는다.

• 10개 정도의 방울을 털실에 엮어 방울 악기를 만들고 털실을 묶어 마무리한다.
• 완성된 악기를 연주해 본다.

사전준비, 유의점, 확장활동

• 연령에 따라 방울 크기와 실 두께를 조정한다.

활동명: 나뭇잎 왕관

활동목표

- 다양한 재료를 사용하여 축하 왕관을 만들어 본다.
- 계절에 맞는 자연물을 미술 재료로 활용하여 탐색해 볼 수 있다.

활동재료

- 다양한 색으로 물든 나뭇잎, 두꺼운 도화지, 딱풀, 목공용 풀, 씨직스(모양펀치), 고무줄

활동방법

- 축하 왕관에 대해 관심을 유도한다.
- 씨직스(모양펀치)로 찍은 왕관 틀에 계절에 맞는 자연물을 딱풀이나 목공용 풀로 붙인다.
- 완성된 왕관 양 끝을 고무줄로 연결한다.
- 자신이 만든 왕관을 친구에게 선물한다.

사전준비, 유의점, 확장활동

- 다양한 재료(스팽글, 모양종이)를 사용하여 축하 왕관을 만들 수 있다.
- 연령이 낮으면 인조 나뭇잎을 사용하여 양면테이프로 붙일 수 있다.
- 교사가 미리 인조 나뭇잎 뒷면에 양면테이프를 붙여 놓는다.

활동명: 나뭇잎 콜라주 그림

활동목표

• 콜라주 기법을 활용해 평면 작품을 구성한다.

활동재료

• 자연물, 도화지, 그리기 도구, 투명 시트지

활동방법

- 콜라주 기법을 알아본다.
- 도화지에 나뭇잎을 풀로 붙인 후 자유롭게 그림을 그린다.
- 여러 종류의 나뭇잎을 다양하게 구성하고, 창의적으로 꾸며 작품을 완성한다.
- 완성된 작품에 투명 시트지를 덮는다.
- 활동을 회상하고 평가한다.

사전준비, 유의점, 확장활동

- 나뭇잎은 딱풀로 붙이면 접착력을 높일 수 있다.
- 완성된 작품에 투명 시트지를 덮으면, 나뭇잎이 말라 부서지는 것을 방지할 수 있다.

활동명: 나비 데칼코마니

활동목표

- 물감을 이용하여 데칼코마니 기법으로 미술활동을 한다.
- 데칼코마니를 통해 단순한 규칙성에 관심을 가진다.

활동재료

- 도화지, 물감

활동방법

- 나비 사진(완성된 작품)을 보여주며 영유아의 호기심을 유도한다.
- 도화지(나비, 우산 등 대칭을 이루는 도안)를 반으로 접어서 펼친 다음 한쪽 면에 물감을 짠다.
- 물감을 짠 후에 반으로 접어서 데칼코마니를 해 본다.
- 작품이 완성된 후 영아의 전신사진을 나비 몸통으로 활용하여 전시한다.

사전준비, 유의점, 확장활동

- 물감은 영유아가 손으로 잡고 짤 수 있는 것으로 준비한다.
- 연령에 따라 영아 수를 제한하여 활동을 진행한다.
- 물감 활동 후 바로 손을 씻을 수 있도록 물 영역 근처에서 활동을 진행한다.
- 미술 영역에 건조대를 배치하면 교사의 이동 동선을 줄일 수 있다.

활동명: 내 얼굴 나뭇잎 콜라주

활동목표

• 자연물을 활용하여 콜라주 기법을 경험한다.

활동재료

• 자연물, 얼굴 사진, 가위, 풀, 도화지

활동방법

- 영유아의 얼굴 사진을 보며 이야기 나눈다.
- 도화지에 내 얼굴 사진을 가위로 오려 풀로 붙인다.
- 얼굴 사진에 나뭇잎을 풀로 붙인다.
- 완성된 작품을 감상한다.

사전준비, 유의점, 확장활동

- 흑백사진에 나뭇잎을 붙이면 자연물의 색깔이 돋보일 수 있다.
- 흑백사진을 오려 검정색 도화지에 붙여도 작품의 느낌을 살릴 수 있다.
- 영유아의 발달 수준에 따라 도화지에 얼굴 사진을 가위로 잘라 붙이는 것은 교사가 개입한다.

활동명: 눈 결정체 스텐실

활동목표

- 스텐실 기법을 이용하여 눈 결정체를 표현해 본다.
- 눈 결정체의 모양을 살펴본다.

활동재료

- 눈 결정체 스텐실 판(그림 본), 검정색 도화지, 흰색 물감, 물, 접시, 스펀지, 테이프, 스팽글, 목공용 풀

활동방법

- 눈 결정체 그림자료를 보며 다양한 눈 결정체를 알아본다.
- 도화지 위에 눈 결정체 스텐실 판(그림 본)을 올려놓는다.
- 접시에 담긴 물감을 스펀지에 묻혀 눈 결정체 스텐실 판(그림 본) 위에 찍는다.
- 스텐실 판(그림 본)을 떼어내어 물감을 말린 후 목공용 풀로 스팽글을 붙여 꾸민다.

사전준비, 유의점, 확장활동

- 눈 결정체 그림자료를 코팅한 뒤 그림 부분을 칼로 오려내어 스텐실 판(그림 본)을 만든다.
- 도화지와 스텐실 판(그림 본)이 흔들리지 않도록 테이프를 붙인 후 활동을 진행한다. 테이프를 너무 단단히 고정하면 테이프를 떼어낼 때 작품이 손상될 수 있다. 종이테이프를 이용하여 붙인다.
- 물감 활동 후 바로 손을 씻을 수 있도록 물 영역 근처에서 활동을 진행한다.
- 미술 영역에 건조대를 배치하면 교사의 이동 동선을 줄일 수 있다.

활동명: 달걀판 독도

활동목표

- 우리나라 섬인 독도에 관심을 가지며 소중함을 느낀다.
- 달걀판으로 여러 가지 지형을 표현한다.

활동재료

- 달걀판, 물감, 붓, 팔레트, 글루건, 빨대, 태극기 도안, 우드락(흰색, 파란색, 하늘색)

활동방법

- 독도에 대해 이야기 나눈다.
- 달걀판을 물감으로 색칠하여 독도를 꾸민다.
- 독도를 빨대와 태극기 도안으로 꾸민다.
- 파란색, 하늘색 우드락에 완성된 달걀판 독도를 글루건으로 붙인다.
- 독도를 만든 것에 대해 평가한다.

사전준비, 유의점, 확장활동

- 달걀판을 미리 적당한 크기로 잘라 준비한다.
- 우드락에 독도를 글루건으로 고정하는 작업은 교사가 한다.

활동명: 달걀판 악어

활동목표

• 달걀판으로 만든 악어의 생김새를 탐색한다.
• 달걀판 악어의 입을 움직여 본다.

활동재료

• 달걀판, 물감, 붓, 팔레트, 종이테이프, 눈알, 글루건, 색 도화지

활동방법

- ‘악어떼’ 노래를 들으며 주의 집중한다.
- 달걀판을 물감으로 칠하여 말린다.
- 달걀판 끝에 다른 달걀판을 겹쳐 올리고, 또 다른 달걀판을 뒤집어 입이 될 수 있도록 만들어 종이테이프로 고정한다.
- 달걀판에 눈알과 종이를 접은 악어 다리를 글루건으로 붙인다.
- 달걀판 악어의 입을 움직이며 놀이한다.

사전준비, 유의점, 확장활동

- 30구 달걀판을 2줄씩 칼로 잘라 준비한다.

활동명: 도트물감 눈사람

활동목표

- 눈과 손을 협응하여 도트물감을 찍어본다.
- 도트물감을 찍어 나타난 색과 모양을 탐색한다.

활동재료

- 도화지, 도트물감, 우드락, 투명 반구, 수수깡, 부직포, 뽕뽕이, 글루건, 풀, 목공용풀, 열선

활동방법

- 도트물감을 탐색하며 도화지에 물감을 찍는다.
- 우드락에 도화지를 눈사람 모양으로 오려 붙인다.
- 우드락을 눈사람모양으로 자른 후 투명반구를 글루건으로 붙인다.
- 눈사람에 꾸미기 재료로 모자, 목도리 등을 꾸민다.
- 도트물감이 찍힌 눈사람을 탐색한다.

사전준비, 유의점, 확장활동

- 우드락을 열선으로 자르는 작업은 교사가 돕는다.
- 영유아의 연령에 따라 투명반구, 수수깡, 부직포, 뽕뽕이를 글루건으로 붙여 눈사람을 만드는 작업은 교사가 지원한다.

활동명: 도화지 책

활동목표

- 책 만드는 과정에 흥미를 느낀다.

활동재료

- 도화지, 그리기 도구, 꾸미기 재료, 쓰기 도구, 잡지, 가위, 풀

활동방법

- 도화지 책 표지를 다양하게 꾸미기 재료를 이용해 디자인한다.
- 영유아가 도화지 책 주제를 정하고 내용을 그리기 도구로 그리거나 꾸미기 재료로 꾸민다.
- 잡지에서 자신의 책에 붙일 것을 찾아 가위로 오려서 도화지 책에 풀로 붙인다.

• 도화지 책에 내용을 쓰기 도구로 써본다.
• 자신의 책을 소개한다.

사전준비, 유의점, 확장활동

• 도화지를 8등분하여 접고, 가운데 부분(두 칸)을 칼로 자른다. 도화지를 세워 접고, 한쪽으로 모아서 표지를 정한다.

활동명: 뚜껑 공룡

활동목표

• 뚜껑으로 만든 공룡의 생김새를 탐색한다.

활동재료

• 상자, 뚜껑, 양면테이프

활동방법

- '쿵쿵 커다란 공룡발자국' 노래를 들으며 주의 집중한다.
- 상자나 벽돌블록을 재활용하여 공룡틀을 만든다.
- 공룡틀에 뚜껑을 양면테이프로 붙인다.
- 완성된 작품을 감상하며 전시한다.

사전준비, 유의점, 확장활동

- 연령에 따라 공룡을 입체적으로 만들어도 된다.
- 공룡틀에 양면테이프를 붙여 준비한다.
- 가정에 협조를 구하여 다양한 종류의 뚜껑을 깨끗이 씻어 말려 준비한다.

활동명: 뚜껑 눈사람

활동목표

- 여러 가지 뚜껑의 모양과 크기를 탐색하고 구분한다.
- 뚜껑으로 만든 눈사람의 생김새를 탐색한다.

활동재료

- 단면접착우드락, 뚜껑

활동방법

- 단면접착우드락을 눈사람 모양으로 자른다.
- 단면접착우드락에 흰색 뚜껑을 붙여 눈사람을 만든다.
- 다른 색깔 뚜껑으로 눈, 코, 입, 목도리, 단추 등을 꾸민다.
- 완성된 뚜껑 눈사람을 전시한다.

사전준비, 유의점, 확장활동

- 크고 무거운 뚜껑은 단면접착우드락에서 떨어질 수 있으므로 활동 후 교사가 글루건으로 고정한다.

활동명: 뚜껑 뽕뽕이 트리

활동목표

- 여러 가지 뚜껑의 모양과 크기를 탐색하고 구분한다.
- 뚜껑으로 트리를 만든다.

활동재료

- eva, 뚜껑, 뽕뽕이, 하드바, 스팡글, 목공용풀

활동방법

- eva 나무에 하드바와 뚜껑을 목공용풀로 붙인다.
- 뚜껑 안에 뽕뽕이를 목공용풀로 붙인다.

- 뽕뽕이 위에 스팡글을 목공용풀로 붙인다.
- 완성한 뚜껑 뽕뽕이 트리를 전시한다.

사전준비, 유의점, 확장활동

- 5cm eva를 핑킹가위로 잘라 나무 틀을 만들어 준비한다.
- 영유아가 활동 후 접착력이 낮은 부분은 교사가 글루건으로 고정해 준다.

활동명: 띠골판지 바퀴

활동목표

- 골판지에 관심을 가지고 탐색한다.
- 골판지를 말아 바퀴를 표현한다.

활동재료

- 자동차 도안, 색칠 도구, 띠골판지, 보석 스티커, 털실, 뽕뽕이, 종이컵, 목공용풀

활동방법

- 손가락을 세워 골판지를 긁으며 탐색해본다.
- 자동차 도안을 색칠도구로 색칠하여 디자인한다.
- 띠골판지로 자동차 바퀴를 표현한다.
- 꾸미기 재료(보석 스티커, 털실, 뽕뽕이)로 띠골판지 바퀴를 디자인한다.
- 디자인 한 바퀴를 전시한다.

사전준비, 유의점, 확장활동

- 종이컵에 띠 골판지를 감아 바퀴를 표현할 수 있다.

활동명: 매직그림 우산

활동목표

• 다양한 미술 재료를 사용해 우산을 꾸며본다.

활동재료

• 우산, 매직펜, 스티커, 꾸미기 재료

활동방법

- 우산은 언제 사용하는지 이야기해 본다.
- 우산에 매직펜으로 그림을 그린다.
- 우산을 꾸밀 수 있는 재료(스티커)를 이용해서 우산을 꾸민다.
- 우산을 펼쳐서 써본다.

사전준비, 유의점, 확장활동

- 투명우산을 준비하면 우산을 쓰고도 작품을 감상할 수 있다.
- 영유아의 수만큼 우산을 준비한다.

활동명: 먹물 도자기

활동목표

- 먹물에 관심을 가지고 빨대로 바람을 불어 그림을 그린다.
- 붓펜으로 그림을 그리는 경험을 한다.

활동재료

- 도자기 도안, 먹물, 빨대, 붓펜, 빨간색 물감, 빨간색 매직, 검정색 도화지, 가위, 풀

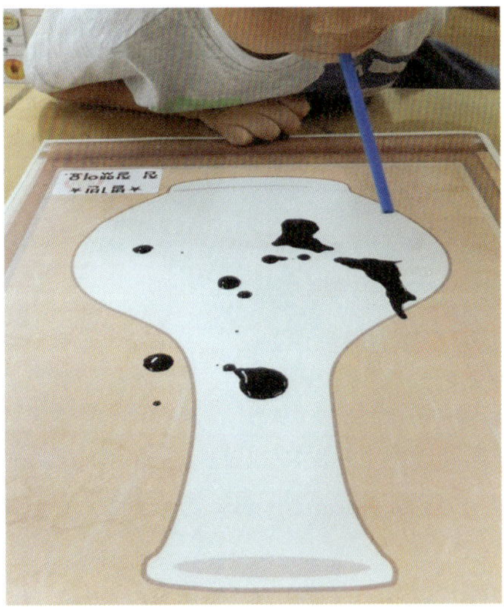

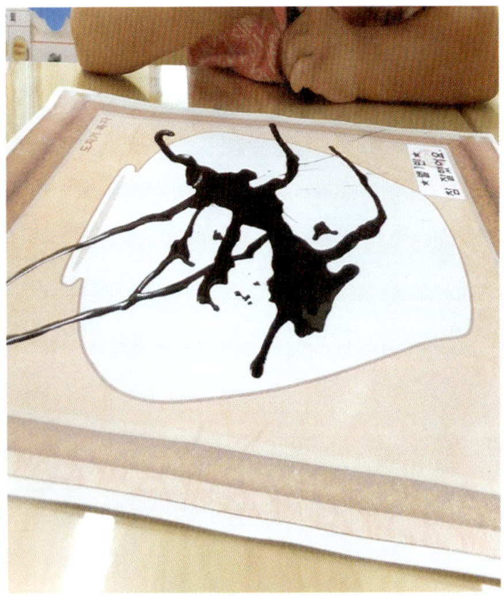

활동방법

- 먹물에 관심을 가지고 이야기 나눈다.
- 종이에 먹물을 떨어뜨린다.
- 입이나 빨대로 먹물을 불어 그림을 그린다.
- 붓펜으로 도자기 도안에 그림을 그린다.
- 빨간색 물감으로 손가락을 찍거나 빨간색 매직으로 동그라미를 그려 매화를 표현한다.
- 도자기 도안을 가위로 오려 검정색 도화지 위에 풀로 붙여 전시한다.

사전준비, 유의점, 확장활동

- 빨대로 먹물을 불기 전 빨대로 빨아들이지 않고 부는 것을 연습해 본다.
- 발달 수준에 따라 빨간색 도트물감을 사용하여 매화를 꾸민다.
- 발달 수준에 따라 도자기 도안을 가위로 오려내는 것과 검정색 도화지에 풀로 붙이는 것을 지원한다.

활동명: 바다생물 도장 부채

활동목표

• 도장을 찍어 부채를 꾸민다.

활동재료

• 바다생물 도장, 스템프 판, 부채

활동방법

• 부채를 사용한 경험을 이야기 나눈다.
• 바람의 힘으로 움직이는 것에 대해 이야기 나눈다.
• 바다생물 도장을 이용하여 자유롭게 부채를 만들어 꾸민다.

• 완성된 부채로 부채질을 한다.

사전준비, 유의점, 확장활동

• 도화지에 도장을 찍은 후 코팅하여 아이스크림 막대바를 손잡이로 부착하면 부채를 만들 수 있다.

활동명: 바다생물 모자이크

활동목표

• 모자이크 기법으로 바다색물을 꾸며본다.

활동재료

• 전지, 색종이, 가위, 풀

활동방법

- 전지에 바다생물 밑그림을 그린다.
- 색종이를 찢거나 가위로 잘라 작은 조각을 만들어 밑그림에 풀로 붙인다.
- 모자이크 기법을 활용하여 바다생물을 꾸민다.
- 모자이크 기법으로 바다생물을 꾸며본 기분을 이야기한다.

사전준비, 유의점, 확장활동

- 부분 그림에 모자이크 기법으로 작품을 만든 후 부분 그림을 모아 공동작품으로 만들 수 있다.

활동명: 분무기그림

활동목표

- 다양한 재료를 활용하여 창의적인 표현력을 기른다.
- 소근육 발달을 돕는다.

활동재료

- 도화지, 에어브러시(분무기), 물감

활동방법

- 분무기로 할 수 있는 미술활동을 생각해본다.
- 도화지 위에 에어브러시 혹은 분무기로 분사하여 채색한다.
- 여러 가지 도안을 출력하여, 그림을 오려낸 후 도화지에 붙여 분무기를 분사한다.
- 도안을 떼어낸 후 건조한다.
- 분사된 물감의 느낌을 감상한다.

사전준비, 유의점, 확장활동

- 분부기에 물감을 섞어 준비한다.
- 분무기를 분사할 때 될 수 있으면 야외에서 한다.
- 물감이 든 분부기를 친구에게 뿌리지 않도록 주의한다.

활동명: 붓펜 수묵채색화

활동목표

- 우리나라의 전통미술에 관심을 가진다.
- 수묵채색화의 아름다움을 감상하며 심미감을 기른다.

활동재료

- 화선지, 붓펜, 빨간색 물감, 물, 물통, 팔레트

활동방법

- 붓, 먹, 화선지, 수묵화 사진을 보며 이야기 나눈다.
- 붓펜을 사용하여 화선지 위에 그림을 그린다.
- 먹으로 그린 그림에 빨간색 물감을 색칠한다.
- 붓펜과 화선지를 사용해 그림을 그려본 느낌을 이야기한다.
- 자신이 그린 수묵화를 소개한다.

사전준비, 유의점, 확장활동

- 다양한 수묵화 사진을 출력하여 준비한다.
- 먹의 특성을 탐색하는 기회를 충분히 제공한다.
- 물의 양을 조절하여 사용한다.
- 붓펜을 사용할 때 한 곳에 너무 오래 누르고 있을 경우 화선지에 구멍이 날 수 있음을 안내한다.
- 작품을 게시할 때 종이가 마르는 과정에서 작품이 망가지지 않도록 두꺼운 도화지에 붙여 게시한다.
- 영유아가 그린 수묵화로 병풍(우유팩 1000ml)을 만들어 전시할 수 있다.

활동명: 뽁뽁이 눈 찍기

활동목표

• 뽁뽁이(포장용 에어캡)에 물감을 묻혀 도화지에 찍어 본다.

활동재료

• 도화지, 뽁뽁이(포장용 에어캡), 물감, 붓, 그리기 도구

활동방법

- 뽁뽁이(포장용 에어캡)를 탐색한다.
- 도화지에 그리기 도구를 활용하여 겨울과 관련된 그림을 그린다.
- 뽁뽁이(포장용 에어캡)에 물감을 붓으로 칠한다.
- 도화지에 뽁뽁이(포장용 에어캡)에 칠한 물감이 찍히도록, 도화지에 뽁뽁이(포장용 에어캡)를 덮고 누른다.
- 뽁뽁이(포장용 에어캡)로 표현된 눈을 관찰한다.

사전준비, 유의점, 확장활동

- 뽁뽁이(포장용 에어캡)를 적당한 크기로 잘라 준비한다.
- 뽁뽁이(포장용 에어캡)에 물감을 칠하는 것은 교사와 함께 해도 된다.

활동명: 사과 산타

활동목표

- 상상력과 창의력을 기른다.
- 크리스마스의 의미를 안다.

활동재료

- 빨간색의 사과(홍옥사과), 반짝 종이, 솜, 오공본드, 모루, 가위, 눈알스티커, 색종이, 빨간색 종이컵

활동방법

- 산타노래를 들으며 주의집중한다.
- 빨간색 색종이(빨간색 종이컵)에 빤짝이 종이로 꾸며 산타 모자를 만든다.
- 사과에 오공본드로 솜을 붙여 눈썹과 수염을 만든다.
- 얼굴을 꾸민 사과 위에 모자를 씌운다.
- 산타 눈과 나머지 부분을 꾸민다.
- 영유아가 만든 작품을 창문틀에 전시하여 크리스마스 분위기를 시각적으로 느끼고, 사과 향기를 후각적으로 맡아본다.

사전준비, 유의점, 확장활동

- 만들기 재료로 사용할 사과는 먹지 않도록 영유아들에게 주의를 준다.
- 사과는 반드시 홍옥사과를 사용하도록 한다.
- 사과를 이용하여 눈사람, 루돌프 등을 만들어주어 사과 산타와 함께 전시하여 크리스마스 사과마을을 만들어 본다.
- 사과 대신 종이컵을 이용하여 산타를 만들 수 있다.

활동명: 사인펜 점묘법

활동목표

• 점묘화 기법으로 미술활동하는 경험을 가진다.

활동재료

• 도화지, 사인펜, 색연필

활동방법

• 조르주 쇠라의 명화를 감상한다.
• 점묘법에 대해 이야기 나눈다.
• 도화지에 밑그림을 그린 후 점을 찍어 그림을 그린다.

• 점묘법으로 그림을 그린 느낌을 이야기 나눈다.

사전준비, 유의점, 확장활동

• 솜방망이에 물감을 묻히고 종이에 점을 찍어 그림을 그릴 수 있다.

활동명: 사포그림

활동목표

- 명화에 관심을 갖는다.
- 사포의 촉감에 대해 안다.

활동재료

- 사포, 크레파스, 명화그림, 색지, 풀, 흰 종이(기름종이), 다리미

활동방법

- 여러 가지 명화 그림을 살펴본다.
- 사포에 명화를 크레파스로 그리고 색칠한다.
- 사포 그림 위에 흰 종이(기름종이)를 올려놓고 다리미로 문지른다.
- 뒷면에 색지를 덧대어 액자틀을 만든다.

사전준비, 유의점, 확장활동

- 다리미를 사용할 시 영유아가 다리미에 데이지 않도록 다리미를 사용하기 전에 주의를 준다. 또한. 다리미로 문지르고 나서 흰 종이(기름종이)를 빨리 떼어내지 않으면 눌어붙어서 종이가 찢어질 수 있다.

활동명: 상자 북청사자

활동목표

• 사자에 관심을 가지고 특징적인 사자의 갈기 모양을 만든다.
• 종이를 찢으며 형태변화를 경험한다.

활동재료

• 상자, 사자 얼굴, 한지, 테이프, 색칠도구, 고무줄

활동방법

- 북청사자춤 추는 모습의 영상을 감상한다.
- 상자에 사자 얼굴 출력물을 붙이거나 매직으로 그린다.
- 사자의 얼굴을 색칠도구로 칠한다.
- 한지를 찢어 붙여 사자의 갈기를 표현한다.
- 북청사자 탈에 고무줄을 연결하여 얼굴에 쓸 수 있게 만든다.
- 북청사자 탈을 쓰고 북청사자춤을 춰본다.

사전준비, 유의점, 확장활동

- 교사가 사자의 눈과 입을 칼로 구멍을 뚫어 준비한다.

활동명: 색 소금 화분

활동목표

- 색깔 소금의 모양과 색깔에 관심을 가지고 탐색한다.
- 컵 안에 색깔 소금을 담아 화분을 만든다.

활동재료

- 색깔 소금(식용색소, 소금 1컵, 소량의 물), 일회용 투명 컵

활동방법

- 색깔 소금을 제시하며 영유아의 관심을 유도한다.
- 손으로 색깔 소금을 만지며 촉감을 탐색한다.
- 일회용 투명 컵 안에 색깔 소금을 담는다.
- 영유아가 만든 조화를 심어 전시한다.

사전준비, 유의점, 확장활동

- 색깔 소금을 만들어 쓰는 경우 색깔 소금이 마르는 시간이 필요하므로 활동하기 전날 미리 만들어 놓는다.
- 색깔 소금은 지퍼팩이나 플라스틱 밀폐 용기에 소금 1컵과, 식용색소 10방울, 물 1작은 술을 넣고 섞은 후 쟁반에 소금을 깔아 말린다.

활동명: 색종이 코스모스

활동목표

• 재료의 특성을 살려 코스모스를 표현한다.

활동재료

• 색종이, 가위, 풀, 수수깡

활동방법

- 코스모스 그림자료를 보며 이야기 나눈다.
- 노란색 색종이를 가위로 여러 번 자른다.
- 분홍색 색종이를 가위로 잘라 꽃잎을 만든다.
- 수수깡에 노란색 색종이를 말면서 풀로 붙인 후 그 위에 분홍색 색종이를 말아 풀로 붙인다.
- 코스모스 꽃을 관찰한다.

사전준비, 유의점, 확장활동

- 노란색 색종이를 직사각형으로 잘라 준비한다.
- 가위를 안전하게 사용하는 방법을 알아보고, 안전가위를 사용하여 색종이를 오린다.

활동명: 세모 조각 크리스마스 트리

활동목표

• 소근육을 조절하여 꾸미기 재료를 붙여 크리스마스 트리를 꾸민다.

활동재료

• 초록색, 연두색 색지, 다양한 재료(스티커, 모양종이, 사인펜, 색연필, 스팽글), 목공용 풀

활동방법

- 초록색, 연두색 색지를 삼각형으로 자른다.
- 삼각형을 다양한 재료(스티커, 모양종이, 사인펜, 색연필, 스팽글)로 꾸민다.
- 삼각형 여러 개를 모아 트리를 구성한다.
- 종 모양과 리본으로 트리를 꾸민다.

사전준비, 유의점, 확장활동

- 빤짝이는 재료를 사용하면 크리스마스 트리 분위기를 낼 수 있다.
- 목공용 풀 사용 시 교사의 도움을 받아 안전하게 사용한다.

활동명: 셀로판지 물고기

활동목표

- 조작활동을 통하여 소근육의 발달과 눈과 손의 협응력을 키운다.
- 다양한 재료를 이용해 창의적인 표현력을 키운다.

활동재료

- 셀로판지(양면색종이), 가위, 풀, 도화지, 그리기 도구

활동방법

- 물고기의 비늘을 관찰한다.
- 도화지에 물고기 모양을 그리기 도구로 그려 가위로 자른다.

- 셀로판지(양면색종이)의 끝을 남기고 가위로 자른다.
- 물고기 도안에 셀로판지(양면색종이)를 풀로 붙인다.
- 자신과 친구가 만든 물고기의 비늘을 살펴본다.

사전준비, 유의점, 확장활동

- 영유아의 발달수준에 따라 물고기 도안을 제공할 수 있다.
- 교사가 셀로판지(양면색종이)를 길게 잘라 제공한다.
- 색종이를 가위로 자른 후 끝을 말아 비늘을 연출한다.
- 양면색종이를 접어서, 접은 선만큼만 가위질 할 수 있도록 지도할 수 있다.
- 셀로판지에 매직으로 선을 그어, 선까지만 가위질 할 수 있도록 지도할 수 있다.

활동명: 손바닥 지문 찍기

활동목표

- 자신의 신체에 관심을 갖는다.
- 손바닥, 지문을 찍어 다양한 것을 표현한다.

활동재료

- 도화지, 물감, 접시, 여러 가지 도안

활동방법

- 손바닥에 물감을 묻히고 도화지에 찍어본다.
- 도화지에 찍힌 손바닥, 지문 모양을 보며 이야기 나눈다.
- 여러 가지 도안(나뭇가지, 사자 얼굴, 공작새)에 손바닥, 지문을 찍어 다양한 모양(나뭇잎, 트리, 사자갈기)을 표현한다.
- 손바닥 모양을 따라 가위로 오리고 전지에 붙여 여러 가지(공작새 꼬리, 꽃)를 꾸민다.
- 손바닥 지문 찍기로 무엇을 꾸몄는지 살펴본다.

사전준비, 유의점, 확장활동

- 플루터로 도안(나뭇가지, 공작새, 사자 얼굴)을 인쇄한 후 여러 명의 손바닥 찍기한 것을 모아 공동작품을 만들 수 있다.

활동명: 손바닥 지문 크리스마스 트리

활동목표

- 자신의 신체에 관심을 갖는다.
- 손바닥, 지문을 찍어 크리스마스 트리를 만들어 본다.

활동재료

- 도화지, 물감, 접시, 꾸미기 재료(스팽글, 스티커), 목공용 풀

활동방법

- 손바닥에 물감을 묻히고 도화지에 찍어본다.
- 도화지에 찍힌 손바닥, 지문 모양을 보며 이야기 나눈다.
- 도화지에 손바닥, 지문을 찍어 크리스마스 트리를 표현한다.
- 손바닥 모양을 따라 가위로 오리고 전지에 붙여 크리스마스 트리를 꾸민다.
- 손바닥 지문 찍기로 무엇을 꾸몄는지 살펴본다.

사전준비, 유의점, 확장활동

- 여러 명의 손바닥 찍기한 것을 모아 공동작품을 만들 수 있다.

활동명: 수박 모자이크

활동목표

- 색종이를 찢어 모자이크 기법으로 미술활동을 한다.
- 모자이크 활동을 통해 눈과 손의 협응력과 조절력을 기른다.

활동재료

- 도화지, 색종이, 풀, 매직

활동방법

- 수박 사진(완성된 작품)을 보여주며 영유아의 호기심을 자극한다.
- 수박모양으로 자른 도화지에 색종이를 찢어 풀로 붙인다.

- 모자이크로 꾸며진 수박 위에 매직으로 수박씨를 그린다.
- 영유아가 수박을 먹고 있듯이 사진을 찍어 전시할 수 있다.
- 완성된 작품을 코팅하여 나무젓가락이나 부채 손잡이를 붙이면 부채로 활용할 수 있다.

사전준비, 유의점, 확장활동

- 영아는 색종이 찢기부터 진행하여 재료를 준비한 후 모자이크 기법의 미술활동을 한다.

활동명: 수수깡 물고기

활동목표

- 조작활동을 통하여 소근육의 발달과 눈과 손의 협응력을 키운다.
- 다양한 재료를 이용해 창의적인 표현력을 기른다.

활동재료

- eva, 수수깡, 양면테이프, 눈알스티커, 칼

활동방법

- 물고기 비늘을 탐색한다.
- 수수깡을 칼로 자르거나, 손으로 부러뜨린다.

• eva 물고기 모양에 수수깡 비늘을 양면테이프로 붙인다.
• 눈알 스티커를 붙여 완성한다.

사전준비, 유의점, 확장활동

• 교사가 eva, 색지 등으로 물고기 모양을 만들고. 비늘을 붙일 곳에 양면테이프를 붙여 준비한다.
• 영유아의 발달수준에 따라 수수깡을 칼로 자르거나, 손으로 부러뜨릴 수 있도록 지도한다.

활동명: 스크래치 그림

활동목표

- 스크래치 기법에 관심을 갖는다.
- 스크래치 종이에 자유롭게 그려 표현해 본다.

활동재료

- 스크래치 종이, 나무막대, 이쑤시개

활동방법

- 스크래치 종이를 탐색한다.
- 스크래치 종이에 그리고 싶은 것을 나무막대나 이쑤시개로 그림을 그려본다.
- 나무막대나 이쑤시개로 종이를 긁은 후 어떻게 되었는지 이야기 나눈다.
- 완성된 작품을 소개한다.

사전준비, 유의점, 확장활동

- 도화지에 다양한 색 크레파스로 색을 칠하고, 그 위를 검정색 크레파스로 덮은 후 이쑤시개로 그림을 그려도 된다.

활동명: 스팽글 비녀

활동목표

• 여러 가지 재료를 이용하여 비녀를 만든다.

활동재료

• 점토, 나무젓가락, 스팽글

활동방법

• 비녀 사진을 보며 이야기 나눈다.
• 점토를 뭉쳐 비녀의 머리 부분을 만들어 나무젓가락에 끼운다.

- 스팽글을 점토에 꽂아 꾸민다.
- 옛날 장식품과 같이 전시한다.

사전준비, 유의점, 확장활동

- 스팽글과 함께 성냥개비, 작은 조화, 빵끈 등을 이용해 꾸밀 수 있다.

활동명: 실 그림

활동목표

• 실을 이용하여 그림 그리는 것을 즐긴다.

활동재료

• 도화지, 실, 물감, 팔레트, 붓

활동방법

- 실로 그림을 그리는 것에 대해 이야기 나눈다.
- 도화지를 반으로 접었다 펴서, 한쪽 면에 물감을 묻힌 실을 올려놓는다.
- 도화지를 반으로 접은 상태에서 실을 잡아당긴다.
- 여러 번 반복하여 실그림을 그린다.
- 완성된 작품을 감상한다.

사전준비, 유의점, 확장활동

- 실에 물감이 골고루 묻을 수 있도록 붓을 이용한다.
- 도화지에 그림을 그리기 전 실에 물감이 적당량만 묻을 수 있도록 휴지로 닦아낸다.

활동명: 야채 찍기

활동목표

• 야채를 다양한 방법으로 찍어 창의적으로 표현한다.

활동재료

• 야채(양파, 파프리카), 도화지, 물감, 접시, 색종이, 꾸미기 재료, 풀

활동방법

- 잘려진 야채를 관찰한다.
- 야채에 물감을 묻혀 표현하고 싶은 꽃을 도화지에 찍는다.
- 색종이를 접어 꽃다발 포장지를 만든다.
- 여러 가지 꾸미기 재료로 꽃다발을 꾸민다.

사전준비, 유의점, 확장활동

- 여러 종류의 야채를 다양한 방법으로 잘라 준비한다.
- 팔레트에 부직포를 깔고 물감을 짜면 야채에 물감이 적당히 묻어 더욱 잘 찍힌다.
- 내 표정 야채 찍기를 할 수 있다.

활동명: 양말인형

활동목표

- 생활 속의 친숙한 소재를 이용하여 작품을 만들 수 있다.
- 만든 인형을 활용해 인형극을 해보며 언어 능력 및 사회성 발달을 돕는다.

활동재료

- 양말, 접착부직포(접착펠트지), 종이컵, 가위, 모루, 빵근, 눈알스티커

활동방법

- 쥐, 공룡 : 양말의 발뒤꿈치 부분에 가위집을 내고 접착부직포(접착펠트지)로 동물의 입을 붙여 꾸민다.
- 물고기 : 양말 안에 솜을 넣고 가운데를 빵끈이나 모루로 묶어주고 접착부직포(접착펠트지)로 비늘과 입을 붙인다.
- 뱀 : 양말을 접착부직포(접착펠트지)를 얇게 잘라 감싸고, 눈과 혀를 붙여 종이컵에 고정한다.

사전준비, 유의점, 확장활동

- 가위집을 내는 것은 위험할 수 있으므로 교사가 미리 준비한다.
- 자신이 만든 인형으로 역할극을 해본다.

활동명: 양초 그림

활동목표

• 양초 비밀 그림 그리기 활동에 즐겁게 참여한다.

활동재료

• 도화지, 양초, 물감, 팔레트, 붓

활동방법

- 양초를 이용하여 어떤 미술활동을 할 수 있는지 이야기 나눈다.
- 흰 도화지에 양초로 그림을 그린다.
- 물감으로 색칠한 후 보이는 그림을 관찰한다.
- 양초 위에는 물감이 칠해지지 않는 이유에 대해 이야기 나눈다.

사전준비, 유의점, 확장활동

- 양초 대신 비누를 사용할 수 있다.
- 연령이 낮으면 크레파스로 그림을 그리고 물감을 색칠해 보며 물과 기름이 섞이지 않는 것에 대해 관찰할 수 있다.

활동명: 얼음 그림

활동목표

• 색깔 얼음으로 그림 그리는 것을 즐긴다.

활동재료

• 얼음 얼리는 틀, 물감, 아이스크림 막대, 물, 도화지

활동방법

- 얼음을 가지고 그림을 그리는 것에 대해 이야기 나눈다.
- 도화지에 색깔 얼음으로 그림을 그려서 보여준다.
- 도화지에 색깔 얼음으로 자유롭게 그림을 그린다.
- 색깔 얼음 그림을 말린 후 완성된 그림을 감상한다.

사전준비, 유의점, 확장활동

- 여러 가지 모양과 크기의 얼음 얼리는 틀을 사용하여 다양한 색깔의 물감과 물을 넣는다.
- 얼음 얼리는 틀에 아이스크림 막대를 꽂아서 얼음을 얼린다.

활동명: 우유팩 복주머니

활동목표

- 복주머니의 의미를 알아본다.
- 우유팩을 이용하여 복주머니를 만든다.

활동재료

- 우유팩, 한지, 풀, 가위, 지끈, 펀치, 전통무늬 도안, 색칠도구(사인펜, 색연필)

활동방법

- 복주머니 그림자료를 보며 복주머니에 대해 이야기 나눈다.
- 복주머니 형태로 접은 우유팩 겉면에 색 한지를 찢어 풀로 붙인다.
- 전통모양 도안을 색연필이나 사인펜으로 색칠한다.
- 전통모양 도안을 가위로 오려 우유팩 복주머니에 풀로 붙인다.
- 완성된 복주머니를 보며 이야기 나눈다.

사전준비, 유의점, 확장활동

- 복주머니 앞쪽에 '복' 글자 또는 '福' 한자를 인쇄하여 붙일 수 있다.
- 깨끗이 씻어 말린 우유팩을 복주머니 형태로 접어 준비한다.
- 복주머니 윗부분에 펀치로 구멍을 뚫고 지끈으로 연결하는 것은 교사가 도와준다.
- 영유아의 발달 수준에 따라 전통모양 도안을 가위로 오리는 것은 교사가 지원한다.

활동명: 우유팩 청사초롱

활동목표

- 청사초롱을 만들며 심미감을 기른다.
- 다양한 재료로 청사초롱을 만들며 옛 도구에 관심을 가진다.

활동재료

- 우유팩, 한지, 풀, 가위, 전통무늬 도안, 색칠도구(사인펜, 색연필), 송곳, 나무젓가락, 끈

활동방법

- 청사초롱 실물을 보며 이야기 나눈다.
- 우유팩 바닥 면이 위로 오도록 우유팩을 뒤집어 놓고, 윗부분을 빨간색, 아랫부분을 파란색 한지로 감싼다.
- 전통모양 도안을 색연필이나 사인펜으로 색칠한다.
- 전통모양 도안을 가위로 오려 우유팩 청사초롱에 풀로 붙인다.
- 우유팩에 구멍을 뚫어 끈을 넣고 안쪽에서 매듭을 묶는다.
- 끈의 다른 한 쪽은 나무젓가락에 매달아 손잡이를 만든다.
- 완성한 청사초롱을 교실에 전시한다.

사전준비, 유의점, 확장활동

- 우유팩에 송곳으로 구멍을 뚫을 때는 교사가 개입하여 도움을 준다.

활동명: 우유팩 크리스마스 트리

활동목표

• 크리스마스 트리를 만들어 보며 예술적 표현력을 기른다.
• 공동작품을 만들며 협동심을 기를 수 있다.

활동재료

• 우유팩, 테이프, 한지, 꾸미기 재료, 딱풀, 목공용 풀, 리본, 트리 장식

활동방법

- 우유팩으로 크리스마스 트리를 쌓아 테이프로 고정한다.
- 우유팩 트리에 여러 가지 재료를 사용하여 트리 장식을 꾸민다.
- 완성된 트리를 살펴본다.

사전준비, 유의점, 확장활동

- 투명 박스테이프로 우유팩을 감아 고정력을 높인 후 트리 장식을 꾸민다.
- 영유아가 꾸며 완성된 트리에 교사가 트리 장식을 글루건으로 고정해 준다.

활동명: 은종이접시 무지개 물고기

활동목표

- 다양한 재료를 이용해 창의적인 표현력을 키울 수 있다.

활동재료

- 우드락, 쿠킹호일, 은종이접시, 매직, 모루, 양면테이프

활동방법

- 무지개 물고기를 살펴본다.
- 은종이접시에 매직으로 그림을 그려 비늘을 만든다.

• 우드락에 쿠킹호일을 덮어 물고기를 만든다.
• 우드락 위에 은종이접시 비늘을 양면테이프로 붙인다.
• 완성된 작품을 감상한다.

사전준비, 유의점, 확장활동

• 매직을 사용할 때 다른 유아에게 묻히거나 세게 누르지 않고, 뚜껑은 뒤에 꽂아서 사용할 수 있도록 지도한다.
• 언어 활동으로 확장해서 도입에서 들었던 동화의 뒷이야기를 만들어 보거나, 동화를 다른 식으로 이야기를 재구성해볼 수 있다.
• 자신이 만든 물고기에 자기의 사진을 붙여서 환경 판으로 활용한다.
• 은종이접시 대신 CD를 활용하여 은색비닐을 연출할 수 있다.

활동명: 은행잎, 단풍잎 스텐실

활동목표

- 스텐실 기법에 관심을 가지고 나뭇잎을 찍어본다.
- 가을에 볼 수 있는 나뭇잎에 대해 관심을 가진다.

활동재료

- 은행잎, 단풍잎 스텐실 판(그림 본), 도화지, 물감, 물, 접시, 스펀지, 테이프, 풀, 가위

활동방법

- 바깥놀이하며 수집한 나뭇잎을 자유롭게 탐색한다.
- 도화지 위에 은행잎, 단풍잎 스텐실 판(그림 본)을 올려놓고 스펀지로

물감을 찍는다.
- 스텐실 판(그림 본)을 떼어내어 물감을 말려 작품을 완성한다.

사전준비, 유의점, 확장활동

- 나뭇잎 도안 그림자료를 인쇄한 후 코팅된 종이에 그림자료를 대고 나뭇잎을 그린 다음 모양대로 잘라 스텐실 판(그림 본)을 만들어 놓는다.
- 도화지와 스텐실 판(그림 본)이 흔들리지 않도록 테이프를 붙인 후 활동을 진행한다. 테이프를 너무 단단히 고정하면 테이프를 떼어낼 때 작품이 손상될 수 있다. 테이프의 접착력을 줄인 후 붙인다.
- 물감 활동 후 바로 손을 씻을 수 있도록 물 영역 근처에서 활동을 진행한다.
- 미술 영역에 건조대를 배치하면 교사의 이동 동선을 줄일 수 있다.

활동명: 자연물 가족액자

활동목표

• 자연물을 활용하여 액자를 창의적으로 꾸민다.
• 친구에게 가족액자를 소개하는 과정을 즐긴다.

활동재료

• 자연물, 액자틀, 목공용 풀, 가족사진

활동방법

- 가족사진을 보며 이야기 나눈다.
- 산책 시 영유아가 수집한 자연물을 만져보고 탐색한다.
- 액자틀에 목공용 풀을 이용하여 자연물(열매, 나뭇잎, 나뭇가지 등)을 꾸민다.
- 완성된 가족액자를 친구에게 소개한다.

사전준비, 유의점, 확장활동

- 가정에 협조를 구해 가족사진을 가져오도록 한다.
- 목공용 풀 사용 시 교사의 도움을 받아 안전하게 사용한다.
- 교사가 액자 뒷면에 지끈을 글루건으로 붙여 액자걸이를 만든다.

활동명: 자연물 곤충

활동목표

- 곤충의 생김새에 관심을 갖는다.
- 다양한 재료를 이용하여 창의적으로 곤충을 만든다.

활동재료

- 자연물, 눈알 스티커, 매직

활동방법

- 곤충의 생김새를 관찰한다.
- 다양한 재료에 매직으로 그림을 그려 곤충의 모습을 묘사한다.
- 자연물 곤충에 눈알 스티커를 붙인다.
- 완성된 작품을 교실에 전시하고 감상한다.

사전준비, 유의점, 확장활동

- 연령에 따라 자연물 크기를 조절하여 제시한다.

활동명: 자연물 색상환

활동목표

• 산책하며 자연의 여러 가지 색에 관심을 가진다.
• 색상환의 색을 가진 자연물을 찾아 분류한다.

활동재료

• 자연물, 도화지, 풀, 테이프

활동방법

- 색의 변화를 둥근 모양으로 배열한 것이 색상환이라는 것을 알려준다.
- 색상환과 비슷한 색의 자연물을 찾아본다.
- 수집한 자연물을 색깔별로 분류하여 도화지에 붙인다.
- 색상환과 비슷한 색의 자연물은 무엇이 있었는지 회상한다.

사전준비, 유의점, 확장활동

- 자연물의 색에 대한 느낌이 다를 수 있으므로 허용적인 분위기를 조성한다.

활동명: 자연물 향기주머니

활동목표

- 자연물을 담아 향기주머니를 만든다.
- 주머니에서 나는 향기를 탐색한다.

활동재료

- 펠트 주머니, 자연물, 꾸미기 재료(매직, 스티커)

활동방법

- 산책 시 주워온 자연물을 탐색한다.
- 매직이나 스티커를 이용하여 펠트 주머니를 꾸민다.
- 펠트 주머니 안에 자연물을 담은 후에 냄새를 탐색한다.
- 향기 주머니 안에서 나는 냄새를 표현한다.

사전준비, 유의점, 확장활동

- 펠트 주머니 대신 천 주머니를 활용할 수 있다.
- 다양한 향기 나는 재료(꽃, 허브 잎)를 준비해도 되며, 영유아에게 안전한 재료로 준비한다.

활동명: 장갑인형

활동목표

- 장갑을 이용해 인형을 만들어 볼 수 있다.
- 장갑의 여러 모양을 생각하고 만들어 창의력을 기를 수 있다.
- 만든 인형을 활용해 인형극을 해보며 언어 능력 및 사회성 발달을 돕는다.

활동재료

- 목장갑(8개), 접착부직포(접착펠트지), 색종이, 눈알스티커, 가위, 본드, 글루건, 신문지, 모루, 빵끈

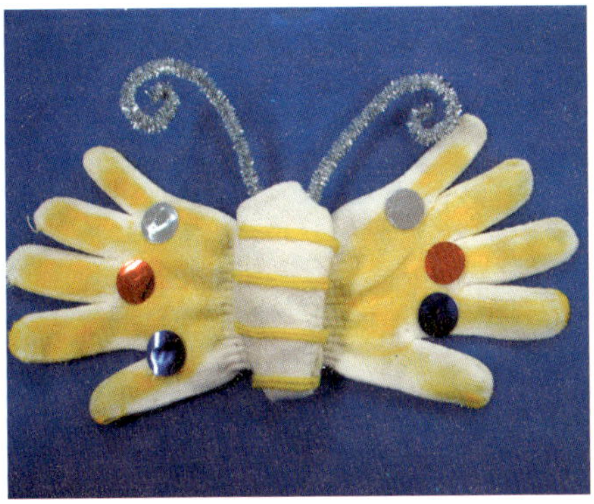

활동방법

• 꽃게 : 장갑 두개를 이용하여 장갑 안에 신문지를 넣어 꽃게 모양을 만든다.
• 토끼 : 검지와 중지두개를 귀로 만들고 나머지는 얼굴을 만들어 꾸민다.
• 닭 : 엄지를 머리로 하여 신문지를 넣어 닭을 표현한다.
• 강아지 : 그림자 놀이할 때 강아지 모양처럼 만들어 장갑 안에 신문지를 넣어 표현한다.
• 나비 : 장갑 두개를 이용하여 날개를 만든다.

사전준비, 유의점, 확장활동

글루건을 사용은 교사가 한다.

• 부직포, 색종이 등을 가위로 자를 때 주의한다.
• 역할영역에서 인형극 놀이를 할 수 있다.

활동명: 재활용 뿅뿅이 북

활동목표

- 재활용품을 이용하여 악기를 만든다.
- 친구와 함께 악기로 합주한다.

활동재료

- 플라스틱 통, 뿅뿅이, 나무젓가락, 모루

활동방법

- 실물 악기를 탐색한다.

- 플라스틱 통에 뽕뽕이를 넣어 악기를 만든다.
- 재료를 다양하게 활용하여 나만의 악기를 만든다.
- 나무젓가락에 모루를 감고, 뽕뽕이를 달아 악기채를 만든다.
- 자신이 만든 악기를 소개하고 악기의 소리를 들어본다.
- 친구와 함께 악기를 연주한다.

사전준비, 유의점, 확장활동

- 뽕뽕이에 칼집을 내어 나무젓가락을 끼운 후 글루건으로 고정하여 악기채를 만든다.

활동명: 전통문양 종이컵 기와

활동목표

- 우리나라 전통문양에 관심을 가지고 모양을 탐색한다.
- 전통문양으로 꾸민 한옥의 아름다움을 느낀다.

활동재료

- 종이컵, 전통문양, 사인펜, 네임펜, 가위, 목공용풀

활동방법

- 전통문양을 보며 이야기 나눈다.
- 전통문양을 사인펜으로 색칠한다.
- 전통문양을 가위로 오려, 종이컵에 목공용풀로 붙인다.
- 전통문양 종이컵 여러 개를 모아 기와를 만든다.
- 전통문양으로 꾸민 한옥의 아름다움을 감상한다.

사전준비, 유의점, 확장활동

- 영유아의 연령에 따라 전통문양 도장 찍기로 한옥을 꾸밀 수 있다.

활동명: 점묘법 명화

활동목표

• 점묘법에 대해 이해하고, 직접 경험해 본다.
• 명화에 관심을 갖는다.

활동재료

• 명화 도안(쇠라의 <그랑드자트섬의 일요일 오후>), 면봉, 물감

활동방법

- 명화 <그랑드자트 섬의 일요일 오후>를 감상한다.
- 면봉에 물감을 묻혀 도화지에 찍는다.
- 명화가 인쇄된 종이에 면봉을 활용하여 점묘법으로 그림을 그린다.
- 작품을 감상한다.

사전준비, 유의점, 확장활동

- 명화를 4등분하여 흑백으로 출력한다.
- 교사는 영유아가 그림을 알아보기 쉽게 매직으로 그림의 테두리를 뚜렷하게 그린다.
- 면봉을 물감 색대로 사용해야 하므로 여러 개 준비한다.

활동명: 점토 질그릇

활동목표

• 점토(찰흙)를 주물러 감각적 즐거움을 준다.

활동재료

• 점토(찰흙), 찰흙판, 조각칼, 니스, 락카, 그림물감, 붓, 팔레트

활동방법

- 빚어서 만들기 : 점토(찰흙)를 공모양으로 만든 후 손으로 눌러 함몰 부분을 넓힌다. 원하는 그릇의 두께가 될 때까지 엄지와 검지를 사용하여 그릇 벽을 다듬는다.
- 판으로 만들기 : 점토(찰흙)를 밀대로 밀어 납작하게 만든 후 조각칼로 사각형을 5개 잘라 접합한다.
- 말아서 만들기 : 점토(찰흙)를 손바닥으로 굴려 길게 만든 후, 바닥에서부터 말아 올린다.
- 꼬아서 만들기 : 말아서 만들기와 같으나 두 줄을 꼬아서 바닥에서부터 말아올린다.
- 빚어서 만들기 : 점토(찰흙)를 굴려 공 모양으로 만든다. 점토(찰흙)를 돌리면서 손바닥으로 눌??

사전준비, 유의점, 확장활동

- 조각칼로 긁어서 모양을 낼 수 있다.
- 그늘에서 2~3일간 말린 후 물감이나 라커로 색을 칠한다.
- 니스칠을 하여 코팅 할 수 있다. 사인펜이나 매직펜으로 명화에 점을 찍으며 그림을 그릴 수 있다.

활동명: 조개껍질 물고기

활동목표

- 다양한 재료를 이용해 창의적인 표현력을 키울 수 있다.
- 여러 영유아가 함께하면서 협동심을 키우고, 성취감과 만족감을 느낄 수 있다.

활동재료

- 우드락, 쿠킹호일, 조개껍질, 물감, 붓, 팔레트

활동방법

- 물고기를 관찰한다.
- 조개껍질을 물감으로 색칠한 후 잘 말린다.
- 우드락에 쿠킹호일을 덮어 물고기를 만든다.
- 여러 명의 조개껍질을 모아 우드락 위에 글루건으로 붙인다.
- 완성된 작품을 감상한다.

사전준비, 유의점, 확장활동

- 우드락 위에 조개껍질을 글루건으로 붙이는 것은 교사가 한다.
- 조개껍질에 물감대신 매직으로 색칠해도 된다.
- 물감을 색칠한 조개껍질에 니스를 발라 코팅할 수도 있다.
- 색칠된 조개껍질에 3M을 뿌리고 반짝이 가루를 입혀 연출할 수 있다.

활동명: 종이가루 물고기

활동목표

- 조작활동을 통하여 소근육의 발달과 눈과 손의 협응력을 키운다.
- 다양한 재료를 이용해 창의적인 표현력을 기른다.

활동재료

- 투명포장비닐, 색종이, 가위, 빵끈, 모루, 눈알스티커

활동방법

- 무지개 물고기 동화를 듣는다.
- 색종이를 가위로 자르거나 손으로 찢어 종이 조각을 만든다.

- 투명비닐에 종이 조각을 넣는다.
- 비닐 입구를 빵끈이나 모루로 감아 물고기 꼬리를 만든다.
- 눈알 스티커를 붙여 완성한 후 완성된 작품을 전시한다.

사전준비, 유의점, 확장활동

- 영유아의 연령에 따라 색종이를 가위로 자르거나, 손으로 찢을 수 있게 지도한다.
- 물고기를 모아 모빌을 만들어 전시하거나, 투명창문에 붙여 전시한다.

활동명: 종이접시 개구리 모자

활동목표

• 도장을 찍어 모자를 꾸민다.

활동재료

• 스펀지 도장, 물감, 종이접시, 팔레트, 고무줄, 펀치, 눈알, 글루건, 가위

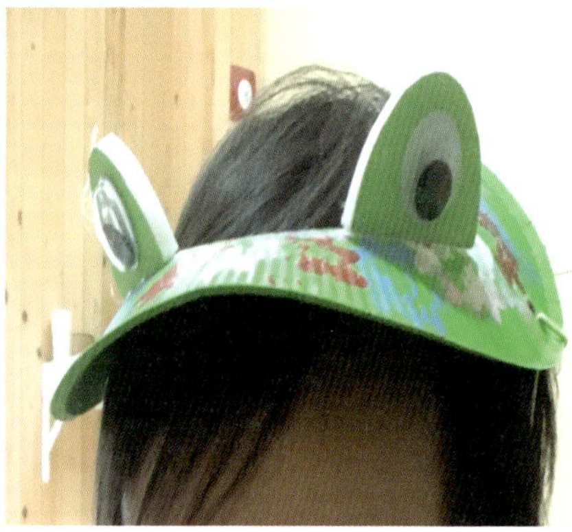

활동방법

- 개구리를 본 경험에 대해 이야기 나눈다.
- 종이접시에 여러 가지 도장을 물감으로 찍어 개구리 모자를 꾸민다.
- 종이접시 가운데를 가위로 오려낸다.
- 우드락에 눈알을 글루건으로 붙여 종이접시에 붙인다.
- 종이접시 양 끝에 펀치로 구멍을 뚫어 고무줄을 연결한다.
- 완성된 개구리 모자를 써본다.

사전준비, 유의점, 확장활동

- 영유아의 발달 수준에 따라 종이접시에 도장을 찍어 모자를 꾸미는 것까지만 활동을 진행한다.

활동명: 종이접시, 종이컵 열기구

활동목표

• 종이접시, 종이컵 열기구를 만들어 본다.
• 하늘에서 떠다니는 열기구에 관심을 가진다.

활동재료

• 종이집시, 종이컵, 그리기 도구, 꾸미기 재료

활동방법

- 열기구 사진을 보며 활동을 소개한다.
- 그리기 도구와 꾸미기 재료로 종이접시와 종이컵을 꾸며본다.
- 종이컵에 종이접시를 연결하여 열기구를 완성한다.
- 내가 꾸민 열기구를 감상한다.

사전준비, 유의점, 확장활동

- 종이컵 양쪽에 칼집을 내어 종이접시를 끼워 글루건으로 고정하는 것은 교사가 한다.
- 종이컵에 영유아의 얼굴사진을 붙여 전시한다.

활동명: 종이컵 코스모스

활동목표

• 종이컵의 특성을 살려 꽃을 표현한다.

활동재료

• 종이컵, 꾸미기 재료(스팽글, 수수깡, 스티커, 그림), 가위

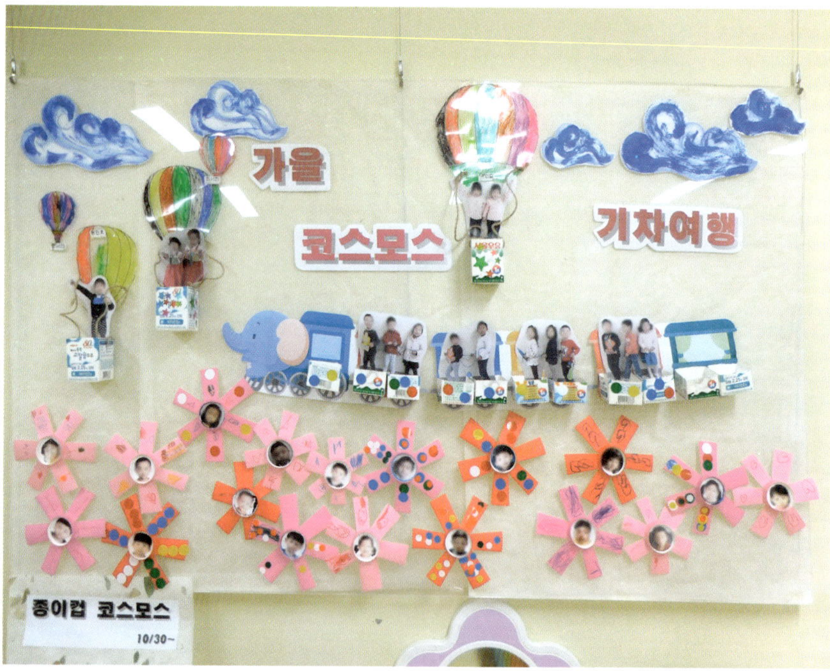

활동방법

- 종이컵을 적당한 크기로 자른 후 꽃 모양으로 펼친다.
- 펼친 부분을 꾸미기 재료(스팽글, 수수깡, 스티커, 그림)로 자유롭게 꾸민다.
- 다 꾸민 후 컵 가운데 동그란 부분에 영유아의 사진을 붙인다.
- 동산에 핀 꽃으로 작품을 배열한다.

사전준비, 유의점, 확장활동

- 연령에 따라 종이컵을 8등분으로 잘라 제공한다.

활동명: 종이컵, 종이접시 바다생물

활동목표

• 종이컵과 종이접시의 특성을 살려 바다생물을 만든다.

활동재료

• 종이컵, 종이접시, 꾸미기 재료(사인펜, 매직, 스티커), 눈알 스티커, 가위

활동방법

• 종이컵에 그리기 도구(사인펜, 매직)로 그림을 그린다.
• 종이컵 문어 다리 부분에 동그란 스티커를 붙여 빨판을 표현한다.
• 종이컵을 가위로 잘라 문어 다리 8개를 만든다.
• 종이컵 가운데에 영유아 사진을 붙인다.
• 종이접시에 스티커를 붙여 비늘을 표현한다.
• 종이접시를 가위로 잘라 물고기 입과 꼬리를 만든다.
• 종이접시에 눈알 스티커를 붙인다.

사전준비, 유의점, 확장활동

• 영유아의 발달 수준에 따라 종이컵과 종이접시를 가위로 자르는 것은 교사가 도와준다.
• 파란색 비닐로 바다를 꾸며, 완성된 바다생물을 배치한다.

활동명: 종이컵 인형

활동목표

- 종이컵으로 인물을 표현할 수 있다.
- 폐품을 활용하여 창의적 표현을 기른다.

활동재료

- 색 있는 종이컵, 작은 종이컵, 플라스틱 컵, 스티로폼 공, 뿅뿅이, 비닐, 색종이, 눈알스티커, 가위, 오공본드, 주름지, 털실, 한지, 풀, 야쿠르트 병, 테이프, 솜, 셀로판지, 모루, 스팽글

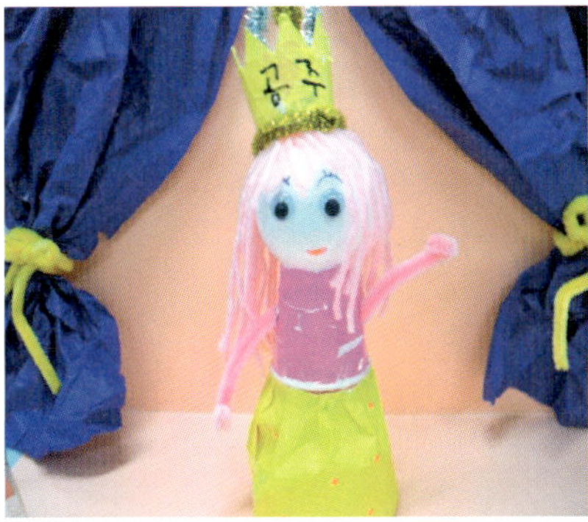
공주

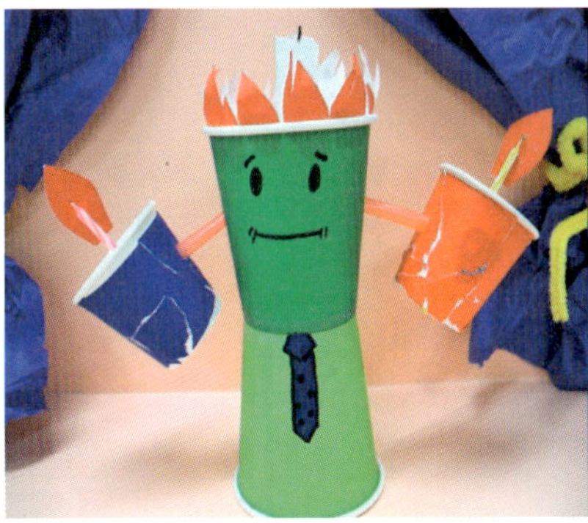

활동방법

- 동화 내용을 듣고 이야기 나눈다.
- 종이컵을 이용하여 여러 가지 인형 형태를 만든다.

- 다양한 꾸미기 재료로 인형의 캐릭터를 살려 꾸민다.
- 종이컵 인형으로 인형극을 해본다.

사전준비, 유의점, 확장활동

- 만든 작품을 역할영역에 두어 역할극을 할 수 있다.
- 페트병, 우유곽 등 다양한 폐품으로 만들기를 할 수 있다.

활동명: 주세페 그림 과일 속 내얼굴

활동목표

- 주세페 아르침볼도의 명화를 감상한다.
- 과일과 야채 그림을 가위로 오려 자신의 얼굴을 꾸며본다.

활동재료

- 과일과 야채 그림, 얼굴사진, 가위, 풀

활동방법

- 주세페 그림을 감상한다.
- 얼굴의 이목구비를 어떤 야채와 과일로 꾸몄는지 이야기 나눈다.
- 여러 과일과 야채 그림을 가위로 잘라 자신의 얼굴에 풀로 붙인다.
- 주세페 그림과 자신이 만든 작품을 비교해 본다.

사전준비, 유의점, 확장활동

- 연령에 따라 여러 과일과 야채 그림을 교사가 미리 가위로 잘라 준비한다.

활동명: 지끈 꽃

활동목표

- 지끈을 이용하여 꽃을 만든다.
- 소근육 발달을 도모한다.

활동재료

- 지끈, 가위

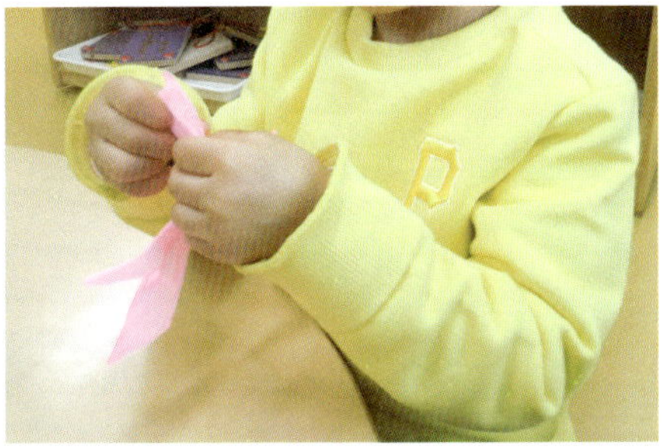
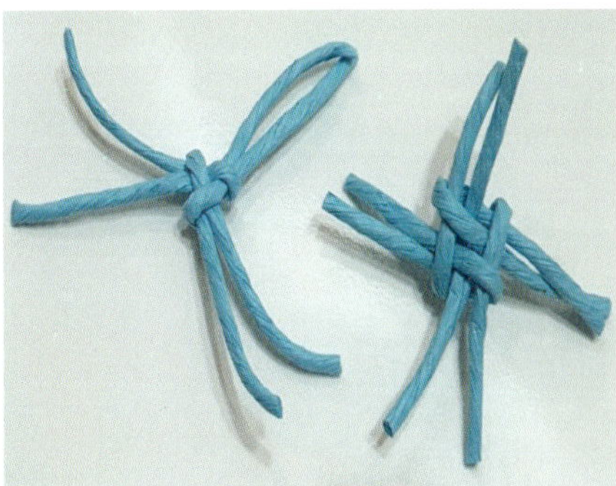

활동방법

- 꽃 사진(완성된 작품)을 보여주며 영유아의 관심을 이끈다.
- 엮어진 지끈을 풀어 꽃잎을 만든다.
- 지끈 꽃을 모빌에 달아 전시한다.
- 지끈 꽃 뒷면에 배지를 달아 꽃 배지를 만들 수 있다.

사전준비, 유의점, 확장활동

- 지끈을 적당한 길이로 잘라 엮어 놓는다.
- 소근육 발달 정도에 따라 지끈을 살짝 풀어놓는다.
- 연령, 꽃에 따라 지끈의 양을 조절하여 준비한다.

활동명: 칫솔 그림

활동목표

- 칫솔을 탐색하며 생활도구에 관심을 가진다.
- 칫솔을 이용해 색을 칠한다.

활동재료

- 도화지, 칫솔, 물감, 그리기 도구

활동방법

- 칫솔을 탐색하며 용도에 대해 이야기 나눈다.
- 도화지에 그리기 도구로 그림을 그린다.
- 칫솔에 물감을 묻혀 도화지에 칠해 본다.
- 붓으로 그릴 때와 칫솔로 그릴 때의 다른 점을 이야기한다.

사전준비, 유의점, 확장활동

- 기관에서 영유아가 사용하고 난 칫솔을 사용할 수 있다.
- 칫솔모의 상태에 따라 그림의 형태가 다르게 나타날 수 있다.

활동명: 카네이션 스텐실

활동목표

• 스텐실 기법에 관심을 가지고 카네이션을 찍어본다.
• 부모님을 위한 카네이션 카드를 만들어 꾸민다.

활동재료

• 카네이션 스텐실 판(그림 본), 도화지, 물감, 물, 접시, 스펀지, 테이프, 풀, 가위

활동방법

- 부모님께 감사한 마음을 느꼈던 경험에 대해서 이야기 나눈다.
- 도화지 위에 카네이션 스텐실 판(그림 본)을 올려놓고 스펀지로 물감을 찍는다.
- 스텐실 판(그림 본)을 떼어내어 물감을 말려 작품을 완성한다.
- 영유아가 꽃을 들고 있는 것처럼 연출한 사진을 가위로 잘라 작품 위에 풀로 붙인다.

사전준비, 유의점, 확장활동

- 카네이션 도안 그림자료를 인쇄한 후 코팅된 종이에 그림자료를 대고 꽃을 그린 다음 모양대로 잘라 스텐실 판(그림 본)을 만들어 놓는다.
- 도화지와 스텐실 판(그림 본)이 흔들리지 않도록 테이프를 붙인 후 활동을 진행한다. 테이프를 너무 단단히 고정하면 테이프를 떼어낼 때 작품이 손상될 수 있다. 테이프의 접착력을 줄인 후 붙인다.
- 물감활동 후 바로 손을 씻을 수 있도록 물 영역 근처에서 활동을 진행한다.
- 미술 영역에 건조대를 배치하면 교사의 이동 동선을 줄일 수 있다.

활동명: 투명 반구 물고기

활동목표

- 바다에 사는 물고기의 모습에 관심을 가진다.
- 여러 가지 재료로 물고기를 꾸며본다.

활동재료

- 투명 하트모양 반구, 하트모양 반짝이 스티커, 매직, 네임펜, 눈알 스티커, 꾸미기 재료, 우드락

활동방법

- 물고기 사진을 보며 비늘을 탐색한다.
- 투명 하트모양 반구에 그리기 도구(매직, 네임펜)로 비늘을 꾸민다.
- 투명 하트모양 반구에 눈알 스티커를 붙이고 하트모양 스티커로 꼬리를 표현한다.
- 투명 하트모양 반구 안에 꾸미기 재료(스팽글)를 넣고 뒷면을 우드락으로 막는다.
- 작품을 전시하여 감상한다.

사전준비, 유의점, 확장활동

- 투명 하트모양 반구 뒷면에 우드락을 대고 글루건으로 고정하는 것은 활동이 끝난 후 교사가 한다.

활동명: 플레이콘 케이크

활동목표

- 플레이콘으로 케이크를 만든다.

활동재료

- 플레이콘, 종이접시, 플라스틱 접시, 물티슈, 꾸미기 재료, 글루건, 목공용 풀, 흰색 수수깡, 빨간색 뽕뽕이, 분무기

활동방법

- 케이크를 먹어본 경험을 이야기한다.
- 종이접시에 플레이콘을 붙여 케이크를 만든다.
- 플레이콘을 높이 쌓아 2층 케이크를 만들어보기도 하고, 여러 가지 색의 플레이콘을 사용하여 다양한 맛의 케이크를 만들어 본다.
- 플레이콘 케이크 위에 꾸미기 재료를 목공용 풀로 붙인다.
- 흰색 수수깡에 빨간색 뽕뽕이를 목공용 풀로 붙여 초를 만든다.
- 플레이콘 케이크로 생일파티 놀이를 한다.

사전준비, 유의점, 확장활동

- 플라스틱 접시에 물티슈를 놓고 활동을 진행한다. 물티슈에 물기가 마르면 분무기로 물을 살짝 뿌려준다.
- 영유아의 연령이 낮으면 교사가 미리 흰색 수수깡에 빨간색 뽕뽕이를 글루건으로 붙여 초를 만들어 준비한다.
- 영유아의 발달 수준에 따라 플레이콘 케이크 위에 꾸미기 재료를 글루건으로 붙이는 것은 교사가 한다.

활동명: 하드바 눈결정체

활동목표

• 눈 결정체를 만들어 교실을 장식한다.

활동재료

• 하드바, 꾸미기 재료(보석 스티커, 빤짝이 풀)

활동방법

• 눈 결정체 그림자료를 보며 다양한 눈 결정체를 알아본다.
• 하드바 눈 결정체에 보석 스티커와 반짝이 풀로 꾸민다.
• 교실 창문에 눈 결정체를 붙여 전시한다.
• 어떤 모양의 눈 결정체가 완성되었는지 관찰한다.

사전준비, 유의점, 확장활동

• 교사가 하드바 3~4개를 글루건으로 고정하여 준비한다.

활동명: 휴지꽃 휴지나뭇잎 염색

활동목표

• 물감이 번지는 과정에 호기심을 갖는다.

• 휴지를 염색하며 색깔의 아름다움을 느낀다.

활동재료

• 휴지, 페이퍼 타올, 물감, 물, 물약병, 양면테이프, 씨직스(모양펀치)

활동방법

- 휴지를 만져보며 탐색한다.
- 휴지(페이퍼 타올)에 물약병에 담긴 물감을 떨어뜨린다.
- 휴지(페이퍼 타올)에 물감이 번지는 것을 관찰한다.
- 염색된 휴지(페이퍼 타올)를 꽃과 나뭇잎으로 구성한다.

사전준비, 유의점, 확장활동

- 교사가 물약병에 물감과 물을 섞어 준비한다.
- 페이퍼 타올을 나뭇잎 모양 씨직스(모양 펀치)로 찍어 낸다.
- 물감 활동 후 바로 손을 씻을 수 있도록 물 영역 근처에서 활동을 진행한다.
- 미술 영역에 건조대를 배치하면 교사의 이동 동선을 줄일 수 있다.
- 휴지를 구기거나 작게 찢어 붙여(사인펜 찍기) 벚꽃이나 노란 병아리를 꾸밀 수 있다.

활동명: 휴지심 나뭇잎 도장

활동목표

- 나뭇잎을 다양한 색으로 표현해 본다.
- 물감이 찍힌 모습을 탐색하며 휴지심 도장을 찍어본다.

활동재료

- 휴지심, 물감, 접시, 나뭇가지 도안

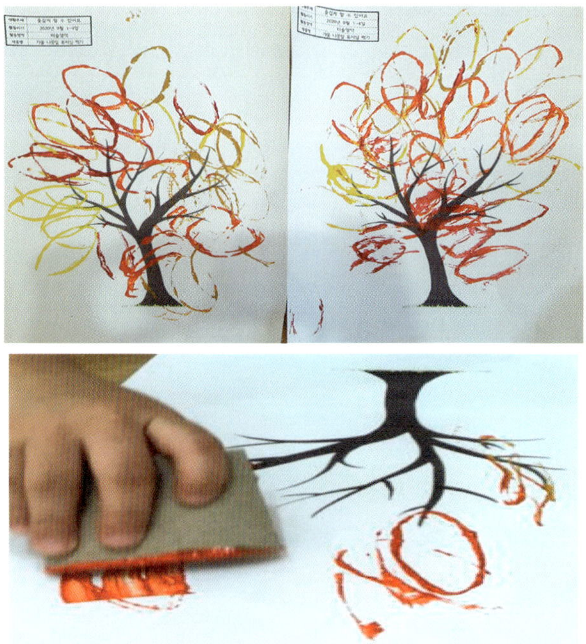

활동방법

- 휴지심을 탐색하며 살짝 눌러 나뭇잎 모양으로 만들어본다.
- 휴지심에 여러 가지 물감을 묻혀 나뭇가지 도안에 나뭇잎 도장을 찍는다.
- 물감이 찍힌 모습을 탐색하며 이야기해 본다.

사전준비, 유의점, 확장활동

- 휴지심을 자르지 않고 사용한다.
- 교사가 나뭇가지 도안을 인쇄하여 준비한다.
- 물감 활동 후 바로 손을 씻을 수 있도록 물 영역 근처에서 활동을 진행한다.
- 미술 영역에 건조대를 배치하면 교사의 이동 동선을 줄일 수 있다.

활동명: 휴지심 레인메이커

활동목표

• 레인메이커를 연주하며 파도소리, 빗소리를 탐색한다.

활동재료

• 긴 휴지심, 곡물, 모루, 고무줄, 비닐, 꾸미기 재료

활동방법

- 긴 휴지심을 보며 탐색한다.
- 긴 휴지심 한쪽을 비닐로 막고 고무줄로 고정한다.
- 긴 휴지심에 모루를 넣고 곡물을 넣는다.
- 긴 휴지심 반대쪽을 비닐로 막고 고무줄로 고정한다.
- 긴 휴지심 겉면을 꾸미기 재료로 꾸민다.
- 레인메이커를 위로, 아래로 움직이며 소리를 듣는다.

사전준비, 유의점, 확장활동

- 긴 휴지심에 모루를 꽈배기처럼 꼬아서 넣으면 곡물이 위로 아래로 움직일 때 소리를 풍성하게 할 수 있다.

활동명: 휴지한복 염색

활동목표

• 물감이 섞이는 과정을 관찰한다.
• 휴지를 염색하며 색깔의 아름다움을 느낀다.

활동재료

• 휴지, 물감, 물, 물약병, 스프레이 물감, 양면테이프, 한복 저고리 도안

활동방법

- 휴지를 만져보며 탐색한다.
- 휴지에 물약병에 담긴 여러 가지 색 물감을 떨어뜨리거나, 스프레이 물감을 뿌린다.
- 휴지에 물감이 염색되는 과정을 관찰한다.
- 염색된 휴지를 건조한 후 한복 도안에 양면테이프를 이용하여 붙인다.

사전준비, 유의점, 확장활동

- 교사가 물약병에 물감과 물을 섞어 준비한다.
- 물감 활동 후 바로 손을 씻을 수 있도록 물 영역 근처에서 활동을 진행한다.
- 미술 영역에 건조대를 배치하면 교사의 이동 동선을 줄일 수 있다.

참고문헌

강명희, 서현(2018). 콜라주에 기초한 협동미술활동이 만 5세 유아의 인성과 리더십에 미치는 영향. **아동교육**, 27(3), 165-188.

교육부(2019). (보건복지부 고시 제 2019-152 호) 3~5세 누리과정.

권종애(2020). 어린이집 교사의 유아예술교육에 대한 현장 이야기. **인문사회 21**, 11(3), 29-40.

김경회 외(2006). **보육학개론**. 서울: 창지사.

김경희(2017). 누리과정 교사용 지도서에 나타난 미술활동의 미술요소분석. **한국유아교육학회 정기학술발표논문집**, 2017, 198-198.

김보영, 윤재희(2019). 유아 미술표현의 사회적 의미. **유아교육학논집**, 23(1), 183-208.

김영옥, 이연주, 이연화(2019). 숲 체험을 통한 미술활동이 유아의 친사회적 행동과 창의성에 미치는 영향. **생태유아교육연구**, 18(3), 49-77.

김영옥(2020). 국가수준 유아교육과정 변천과 개정 누리과정의 과제 탐색. **열린유아교육연구**, 25(2), 75-103.

김은영, 조운주, 김진숙, 이세원(2008). 유아교육· 보육과정과 초등교육과정 연계 방안 연구.

김정주, 박형신(2018). 4-5세 혼합연령집단의 협동미술활동이 유아의 미술성향 및 인성에 미치는 영향. **한국영유아보육학**, 111, 27-51.

김태연(2020). 개정 누리과정에 기초한 유아교육현장의 보드게임 활용 가능성. **한국엔터테인먼트산업학회논문지**, 14(5), 147-158.

김현경, 김소향(2013). 어린이집 만 2세 표준보육과정과 3세 누리과정 교사용 지도서의 연계성 분석. **어린이문학교육연구**, 14(4), 503-523.

문병환, 고은별, 홍혜경(2016). 예비유아교사의 심미적 탐색 미술활동이 심미적 태도와 창의인성에 미치는 영향. **열린유아교육연구**, 21(4), 179-200.

박성혜(2020). 2019 개정 누리과정 신체운동 영역 목표 및 내용에 대한 비판적 고찰. **미래유아교육학회지**, 27(3), 1-21.

박은주(2019). 협동학습중심의 미술교육강좌가 예비유아교사의 미술교수효능감에 미치는 효과 및 미술교수 인식의 변화과정 탐색. **유아교육학논집**, 23(2), 231-257.

박재현, 최한주(2019). 집단미술놀이활동이 유아의 창의성 증진에 미치는 효과. **놀이치료연구**, 23(1), 61-72.

박혜원 외(2008). **표준보육과정의 이해와 적용**. 경기: 양서원.

서영숙, 김경혜(2006). **보육학개론**. 경기: 양서원. 57-82.

서윤, 현은령(2020). 미술활동 공간 사례분석을 통한 유아대상 미술교육 환경개선 공간모델 제안-전도식기 유아 미술 활동 공간을 중심으로. **한국디자인문화학회지**, 26(1), 221-231.

신화식, 박진옥(2008). 유치원교육과정과 표준보육과정의 통합에 관한 기초연구. **한국영유아보육학**, 52, 103-123.

안유빈, 최연철(2016). 유아 종이오리기 미술교육 프로그램 개발 기초연구. **한국유아교육학회 정기학술발표논문집**, 2016, 323-344.

양수영(2020). [2019 개정 누리과정]에 대한 유아교사의 이해도. **학습자중심교과교육연구**, 20, 425-448.

유재경, 황지영, 박은미(2019). 2019 개정 누리과정을 반영한 유아교사 핵심역량 모델 개발. **한국유아교육 · 보육복지학회 학술발표대회 논문집**, 2019, 137-156.

이미화, 이윤진, 염혜경(2019). 어린이집 개정 누리과정 적용지원방안 연구.

이미화(2020). “잘 놀아야 잘 자란다”. 놀이 중심 표준보육과정 개정.

이민영(2019). 개정 누리과정에 따른 유아 미술교육을 위한 놀이의 의미. **한국디자인리서치**, 4, 64-73.

이석순(2007). 국가수준의 유아교육과정과 표준보육과정의 비교 연구. **유아교육 · 보육복지연구**, 11(4), 183-208.

이선혜, 서현(2017). 협동미술활동에 대한 유아교사의 인식 및 실태. **한국보육학회지**, 17(3), 111-151.

이순임, 김은심(2019). 3차 어린이집 평가인증 통합지표의 평가지표 및 운영체계 개선에 대한 원장과 보육교사의 인식. **어린이문학교육연구**, 20(3), 75-108.

이순형 외(2009). **보육학개론**. 서울: 학지사.

이영자(2019). 제 3차 표준보육과정에 기초한 만 2 세용 자연탐구척도 개발 연구. **한국영유아보육학**, 118, 169-206.

이옥희, 김용숙, 최지연(2018). 가정연계 유아 미술활동 프로그램 개발 및 효과. **미래유아교육학회지**, 25(3), 1-32.

이은경(2017). 협동미술활동이 유아의 몰입, 창의성 및 배려행동에 미치는 효과 연구. **열린유아교육연구**, 22(2), 471-498.

이정현, 이순복(2019). 4세 누리과정 교사용지도서의 미술의 요소 및 원리와 심미적 태도를 중심으로 한 미술활동 분석. **교육논총**, 39, 309-334.

임부연, 손연주(2020). [2019 개정 누리과정] 교육내용과 관련한 유아 교사의 역할 탐구. **교육혁신연구**, 30, 127-148.

임부연(2020). 「2019 개정 누리과정」에서 놀이와 교육내용의 연계성 탐구. **어린이교육비평**, 10, 5-32.

임지수(2017). 조형요소중심의 통합적 미술활동이 유아의 미술성향에 미치는 영향. Educational Theory, 2(1), 23-45.

전효훈, 오지영(2019). 유아 미술관련 학위논문의 동향분석: 2010~2018년을 중심으로. **육아지원연구**, 14(2), 85-104.

전효훈(2018). 미술활동에서 나타나는 유아들의 상상놀이에 관한 사례연구. **육아지원연구**, 13(1), 5-33.

정수진(2019). 유아 미술감상교육 관련 연구 동향 분석. **예술교육연구**, 17(3), 205-225.

정재원(2020). 콜라주를 활용한 집단미술치료 프로그램이 중년여성의 자아존중감과 스트레스 대처능력에 미치는 효과. **임상미술심리연구**, 10(2), 25-49.

정채영, 신윤승(2020). 2019 개정 누리과정에 기초한 놀이중심 유아 미술교육의 방향. **인문사회** 21, 11(5), 1539-1553.

정효정(2017). 아동권리 관점의 보육서비스 품질 제고를 위한 보육 쟁점 논의. **한국영유아보육학**, 107, 139-164.

조성욱, 권세경(2016). 영유아 발달 및 미술 요소에 기초한 영유아 미술작품 분석. **커뮤니케이션 디자인학연구**, 57, 410-423.

조운주(2020). 2019 개정 누리과정 적용 초기의 유아교사 경험. **육아지원연구**, 15(3), 105-125.

지성애(2001). 미술 교수방법이 유아의 표상능력에 미치는 효과. **유아교육연구**, 21(1), 177-202.

지성애(2008). 영유아 교육· 보육과정 비교. **유아교육학논집**, 12, 91-110.

탁정화(2019). 몰입이론에서 본 유아놀이-배움에 대한 소고. **유아교육연구**, 39(2), 509-536.

허민정, 권희경(2020). 유아교사의 놀이중심 교육과정 인식에 대한 개념도 분석: 2019 개정 누리과정을 중심으로. **유아교육연구**, 40(4), 35-59.

허혜경, 류진순(2009). 유아조형교육. 서울: 신정.

허혜경, 류진순(2010). 유아미술교육. 서울: 신정.

허혜경, 류진순(2014). 유아미술교육. 서울: 신정.

홍정아, 김소향(2020). 유아교육에서 '놀이'의 의미 탐구-Huizinga와 Caillois의 놀이 이론을 중심으로. **유아교육 · 보육복지연구**, 24(2), 131-160.

홍찬의, 박찬옥(2015). 교육 계획에 내재된 유치원 교사의 수업전문성 탐구. **유아교육학논집**, 19(5), 5-28.

김희준(金禧俊)

성결대학교 유아교육학과(학사)
덕성여자대학교 교육대학원 유아교육학 전공(석사)
가천대학교 대학원 유아교육학 전공(박사)
서영대학교 유아교육과 겸임교수
現 가천대학교 유아교육학과 겸임교수
　한국영유아교육지원학회 감사
　김포 한강유치원 원장

저서 및 논문
그림책에 기초한 창의극 활동이 유아의 자기표현력에 미치는 영향, 내러티브 사고 중심 그림책 읽기 활동이 유아의 그림책 읽기태도에 미치는 영향 외 다수

임진경(林珍敬)

가천대학교 유아교육학과(학사)
가천대학교 대학원 유아교육학 전공(석사)
가천대학교 대학원 유아교육학 전공(박사)
가천대학교 유아교육학과, 가천대학교 교육대학원 유아교육 전공, 오산대학교 유아교육과, 전남도립대학교 유아교육과, 동덕여자대학교 보육교사교육원 등 외래교수
부천미리내유치원 교육컨설턴트
서울위례별유치원, 김포한강유치원, 부영예술유치원 등 교원
법무법인 길도 교육자문위원
現 가천대학교 글로벌미래교육원 아동학과 외래교수
　한국영유아교육지원학회 이사
　서울숲더샵어린이집 교원

저서 및 논문
『누리과정에 기초한 영유아 과학교육』, 『영유아를 위한 과학교육의 이론과 실제』, 『영유아 안전교육』
어머니의 기질과 양육행동이 유아의 놀이성에 미치는 영향, 교육조력자로서의 어머니 특성변인이 유아의 놀이성에 미치는 영향, 유아의 생태소양 척도 개발 및 타당화 예비연구: 국외 유·아동용 생태적 태도 척도의 비교, 국외 유·아동용 생태적 태도 척도의 비교와 2-MEV 척도의 국내적용 타당도 검증, 유아 생태소양척도 개발 및 타당화 연구, 몽골어머니의 정체성 형성을 위한 지원방안 연구, 유아 생태소양척도 개발, 델파이 기법을 활용한 유아 생태소양 평정척도 검사도구 개발 연구, 생태소양 개념화 연구, 영유아교육기관의 특성과 교사의 특성에 따른 교사의 직무 스트레스에 관한 연구 외 다수

개정 누리과정과 표준보육과정을 연계한

新 영유아 미술교육

초판 1쇄 인쇄 / 2021년 1월 25일
초판 1쇄 발행 / 2021년 2월 1일

•

공저자 / 김희준 · 임진경
발행인 / 이 중 수
발행처 / **동 문 사**

•

서울특별시 서대문구 홍제원 1길 12
(홍제동 137-8)
Tel : 02)736-3718(대), 736-3710, 3720
Fax : 02)736-3719
등록번호 : 1974.04.27. 제9-17호
가격 : 20,000원

•

ISBN : 979-11-6328-243-3 (93370)
E-mail : dong736@naver.com
www.dongmunsa.com